Ingo von Münch · Georg Siebeck

Der Autor und sein Verlag

Ingo von Münch · Georg Siebeck

Der Autor und sein Verlag

Mohr Siebeck

Ingo von Münch, geboren 1932; 1957 Promotion, 1963 Habilitation in Frankfurt am Main; 1965 bis 1973 Professor für Öffentliches Recht an der Ruhr-Universität Bochum; 1973 bis 1998 Professor für Öffentliches Recht an der Universität Hamburg; 1987 bis 1991 Zweiter Bürgermeister, Wissenschaftssenator und Kultursenator der Freien und Hansestadt Hamburg; 1994 Dr. h.c. (Rostock); zwischen 1995 und 2001 Gastprofessor in Australien, Frankreich, Neuseeland, Südafrika und in den USA.

Georg Siebeck, geboren 1946; Ausbildung im Buchhandel bei Struppe & Winckler (Berlin) und B. H. Blackwell (Oxford), in der Druckerei Oldenbourg (München) und in den Verlagen Hanser (München) und North-Holland (Amsterdam); 1972 Eintritt in den väterlichen Verlag J. C. B. Mohr (Paul Siebeck); 1983 Komplementär, 1990 Alleininhaber; 2005 Geschäftsführer des in eine GmbH & Co. KG umgewandelten Verlages; 2001 Dr. h.c. (Tübingen), 2011 Max-Herrmann-Preis (Berlin).

ISBN 978-3-16-152790-6

Die Deutsche Nationalbibliothek verzeichnet diese Publikation in der Deutschen Nationalbibliographie; detaillierte bibliographische Daten sind im Internet über *http://dnb.dnb.de* abrufbar.

© 2013 Mohr Siebeck Tübingen. www.mohr.de

Das Buch wurde von Martin Fischer in Tübingen aus der Minion gesetzt, von Gulde-Druck in Tübingen auf alterungsbeständiges Werkdruckpapier gedruckt und von der Buchbinderei Nädele in Nehren gebunden. Umschlagentwurf von Uli Gleis in Tübingen.

Inhaltsverzeichnis

Vor-Worte

Ingo von Münch: Wer wie ich als Autor oder Herausgeber von Büchern mit mehreren Verlagen zu tun gehabt hat, kann von mancherlei Freuden und Leiden berichten.

Georg Siebeck: Da könnte ich als Verleger auch viel über Erlebnisse mit Autoren und Herausgebern erzählen. Aber über so manches sollte des Sängers Höflichkeit schweigen.

IvM: Vor zwei Jahren hatte ich die Idee, dass wir beide – als Autor und als Verleger – einmal unsere unterschiedlichen Erfahrungen getrennt, aber unter einem Buchdeckel vereint, schildern sollten. Dieser Vorschlag stieß allerdings bei Ihnen zunächst nicht auf Gegenliebe – warum?

GS: Als Verleger sollte ich doch eher im Hintergrund bleiben, wenn es nicht um's Verkaufen der Bücher anderer geht: Die Autoren sind doch unsere Stars. Außerdem finde ich, sich selbst zu verlegen hat, wie wir Schwaben sagen, *a G'schmäckle.*

IvM: Die Zurückhaltung ehrt Sie; sie ist wohl auch nicht unüblich. Aber es gibt inzwischen nicht wenige Beispiele, in denen Verleger sich als Autoren in ihrem eigenen Verlag betätigt haben. Unseld und Wagenbach sind nur zwei Beispiele von vielen.

GS: Jeder der beiden ist auf seine Weise ein Großer unserer Zunft. Aber letztlich entscheidend dafür, doch mitzumachen, war die pfiffige Idee der Doppelautorenschaft und die Vorstellung, mit *wem* ich mich da als Autor geselle.

IvM: Ich begrüße das auch deshalb, weil der Verleger damit öffentlich Rede und Antwort stehen kann zu den Fragen, die einem Autor am Herzen liegen und die er dem Verleger gerne stellen möchte. Dass es sich dabei um kritische Fragen handelt, wird nicht überraschen.

GS: Ich habe in meinen Kolumnen zu unserer Verlagsvorschau seit vielen Jahren versucht, mir solche Fragen zu stellen und sie zu beantworten. Das jetzt einmal ohne aktuellen Anlass zu tun, hat mich gereizt. Aber es gibt immer neue und neu gestellte alte Fragen …

IvM: In der Tat: Es gibt einen ganzen Sack voller immer wiederkehrender Fragen, zum Beispiel: Ist es sinnvoll, ein Buch in einer kleinen Auflage zu einem hohen Preis herauszubringen anstatt umgekehrt in einer höheren Auflage zu einem geringeren Preis?

GS: Gegenfrage: Ist es sinnvoll, eine Untersuchung über ‚Das völkerrechtliche Delikt in der modernen Entwicklung der Völkerrechtsgemeinschaft‘ überhaupt zu veröffentlichen? Nur ein sehr kleiner Teil der lesenden Bevölkerung kann sie überhaupt verstehen: nur diejenigen, die in Deutschland Jura studiert haben. Und nur ein winziger Teil davon wird sie je lesen: nur diejenigen, die ein wissenschaftliches Interesse am Völkerrecht haben.

IvM: Der Absatz eines Buches hängt gewiss auch vom Marketing ab. Meine Erfahrung mit etlichen Verlagen ist die, dass jedenfalls die deutschen Verlage gut in der Herstellung von Büchern sind, aber ideenlos, ja mehr noch: ausgesprochen lahm im Marketing. Ist dieser Eindruck richtig?

GS: Das ist Ihr Eindruck, ich weiß das aus vielen Briefen, und richtig: Wir müssen da besser werden. Aber: Wissenschaftliche Bücher haben je wissenschaftlicher einen umso internationaleren Markt, der aber spezifisch und zahlenmäßig klein ist. Deshalb ist der Anreiz gering, jenseits seiner Grenzen aufwendig zu werben.

IvM: Für die Verbreitung eines Buches sind Besprechungen vor allem in den überregionalen Zeitungen und Zeitschriften wichtig. Naturgemäß ist der für Buchbesprechungen dort verfügbare Platz begrenzt; nur ein Bruchteil der publizierten Bücher hat deshalb – außerhalb von Literaturbeilagen zu Buchmessen – die Chance, rezensiert zu werden. Ist der Eindruck richtig, dass das Rezensionswesen nicht optimal organisiert ist, nämlich dass es Rezensionskartelle gibt, dass Bücher großer Verlage häufiger rezensiert werden als Bücher kleiner Verlage, dass wenige Bücher großformatig besprochen werden anstatt viele Bücher auf entsprechend geringerem Format?

GS: Nach meinen Erfahrungen ‚bringt‘ eine Rezension in einer der überregionalen Tageszeitungen nur dann etwas, wenn das Buch ein allgemeines Publikum anspricht; bei speziellen Büchern ist der Mehrverkauf nicht messbar. Rezensionskartelle sehe ich bei den ‚üblichen Verdächtigen‘ keine. Journalisten verlassen sich auf ihr Gespür dafür, was interessant ist; das gilt auch für Bücher.

Hamburg und Tübingen, im Sommer 2013

I. Teil

Der Autor und seine Verlage

von Ingo von Münch

Prolog:
Eine ziemlich persönliche Orientierung

Über mehrere Verleger und über eine Verlegerwitwe wird viel geschrieben, über Autoren weniger, vermutlich deshalb, weil es mehr Autoren als Verleger gibt. Wie viele Autoren (und Möchte-Gern-Autoren) leben auf der Welt – hunderttausend? Eine Million? Wenn hier von Autor (und Autorin) die Rede ist, so muss man wissen, dass diese Spezies Mensch ungefähr so vielgestaltig ist wie die Gattung Säugetier. Es tummeln sich Sachbuch-, Kochbuch-, Kinderbuch-, Schulbuch- und Heimatbuchautoren, Ratgeber und Reiseführer, schöngeistige Autoren in Prosa und Lyrik, Verfasser von Kriminalromanen und Science-Fiction-Romanen, wissenschaftliche und nichtwissenschaftliche Autoren, Biographen und Autobiographen. Querbeet gibt es treue und untreue Autoren. Siegfried Lenz erzählte mir schon vor einigen Jahren, er sei seit 53 Jahren bei demselben Verlag (inzwischen werden es rund sechzig Jahre sein) – wahrlich ein getreuer Autor. Anders als er bin ich ein Verlagshopper, mit guten und schlechten Erfahrungen bei mehr als einem Dutzend Verlagen. Ein geistreicher, aber etwas zynischer Kollege antwortete in diesem Zusammenhang auf meine Frage, welchen Verlag er bevorzuge: „Die Verlage sind alle gleich. Verschieden ist nur der Zeitpunkt, in dem man sie auf Rechnungslegung [gemeint war: wegen des Autorenhonorars] verklagen muss." Diese Erfahrung kann ich nicht bestätigen. Meine Erfahrung ist: Verlage sind, was den Umgang

mit Autoren betrifft, durchaus ungleich. Verklagen musste
ich bisher keinen. Grund zu nichtjuristischen Klagen gab
es allerdings öfters.

I.

Die erste Inverlagnahme (so die Sprache der Verleger)
meines ersten Buches nach der Dissertation scheiterte an
einer Sekretärin eines juristischen Verlages in Frankfurt
am Main, der später von einer holländischen Verlagsgruppe
gekauft wurde. Als ich mein Anliegen – Veröffentlichung
meiner Habilitationsschrift – vortrug, fertigte die Dame
mich mit dem Satz ab: „Doktorarbeiten nehmen wir nicht."
Nun liegen zwischen einer Habilitationsschrift und einer
Doktorarbeit zwar nicht Welten, aber doch einiges, und
ich ging deshalb davon aus, dass eine Verlagssekretärin den
Unterschied kennt, was offensichtlich nicht der Fall war.
Dass in deutschen Vorzimmern vermutlich schon mehr als
eine Anfrage hinsichtlich einer Veröffentlichung vorzeitig
begraben wurde, war nur ein schwacher Trost.

Nach diesem Verlagskulturschock verspürte ich keine
Lust mehr auf weiteres Klinkenputzen. Die Bekanntschaft
mit einem anderen, damals jungen Verleger half weiter:
„Das völkerrechtliche Delikt in der modernen Entwicklung
der Völkerrechtsgemeinschaft" (so der Titel des Buches)
passte zwar eigentlich nicht in sein Verlagsprogramm, aber
er nahm es dennoch an – vielleicht deshalb, weil er selber
am Völkerrecht interessiert war. Natürlich wäre für die Verbreitung und „standesgemäß" ein rechtswissenschaftlicher
Fachverlag besser gewesen. Aber Autoren entbehren der
Tugend geduldigen Wartens: Man will schnell einen Verlag

finden, die Entscheidung des Verlages über Annahme oder
Nichtannahme des Manuskripts soll zügig fallen, im Fall der
erhofften oder gar erwarteten Annahme sollen Druck und
Auslieferung hurtig vonstattengehen.

Der nächste Verleger, an den ich mit dem nächsten Projekt geriet, war ein Original. Er fuhr mit einem runden
Strohhut (,Kreissäge' nannte man damals solch einen Hut)
auf dem Kopf in einem offenen Cadillac durch Bad Hom-
burg vor der Höhe, wo der Verlag seinen Sitz hatte. Sein
Geld verdiente er wohl vor allem als Verleger einer regio-
nalen Tageszeitung und mit Formularbüchern für die Ver-
waltung. Ein höchst aktiver Lektor überredete den Mann
im Strohhut, das bis dato biedere Verlagsprogramm durch
wissenschaftliche Werke zu veredeln. Dem Lektor gelang
es – ein guter Lektor ist mehr als die halbe (Autoren-)
Miete – junge, erfolgversprechende Autoren zu gewinnen,
darunter immerhin einen späteren Bundespräsidenten.

Einige Jahre lief alles gut, bis die Autoren eines Tages
plötzlich und unvorbereitet per Brief (oder war es per
Zeitungsnotiz?) erfuhren, dass die Wissenschaftssparte des
Verlages an einen anderen Verlag verkauft worden sei. Der
übernehmende Verlag, benannt nach dem Heiligtum einer
griechischen Göttin, in dem Dichter und Gelehrte ihre
Gedanken vortrugen, gehöre, so wurde den verdutzten
Autoren tröstend bedeutet, zu einer großen amerikanischen
Verlagsgruppe – die Rede war von der viertgrößten oder
fünftgrößten der Welt. Als Autor ist man bei einer solchen
Übernahme allenfalls Wechselgeld. Das Einverständnis der
Autoren wurde natürlich nicht erbeten; sie sind nur (schrei-
bendes) Mobiliar. Eine wirtschaftliche Gemeinschaft zwischen Autor und Verleger besteht, abgesehen vom gemein-
samen Interesse am Verkaufserfolg des Buches, nicht. Das

war nicht immer so. Albrecht Schöne erinnert in seinem
Festvortrag „Physiognomische Übungen zur Beförderung
der Menschenkenntnis und der Liebe zu Verlegern" daran,
dass Georg Christoph Lichtenberg 23 Jahre lang im Hause
des Druckers und Verlegers Dieterich in Göttingen wohnte
und den Mietpreis dafür in Form von Manuskripten ent-
richtete. Eine ebenfalls enge Symbiose existierte zwischen
dem Verleger Johann Friedrich Cotta und dem Staatsrecht-
ler Johann Ludwig Klüber als gemeinsamen Eigentümern
des berühmten Hotels Zum Badischen Hof in Baden-Baden;
beide hatten am Wiener Kongress von 1815 teilgenommen.

Jedenfalls gibt es heute wohl kaum einen so höflichen
Brief, wie ihn der Autor Joseph von Eichendorff an seinen
Verleger Duncker in Berlin am 21. April 1840 schrieb:

> Hochwohlgeborener
> Verehrtester Herr!
> Euer Hochwohlgeboren haben die Güte gehabt mich davon
> zu benachrichtigen, daß Derselbe den Verlag meines Ro-
> mans: Dichter u. ihre Gesellen, dergl. meiner Gedichte an
> Herrn M. Simion [: Athenäum :] hierselbst abgetreten haben.
> Ihrem Wunsch gemäß ermangele ich nicht, hiermit zu er-
> klären, daß ich mit dieser Verlags=Abtretung meinerseits
> einverstanden bin, und nur bedaure, hierdurch aus der, mir
> eben so erfreulichen als ehrenvollen Geschäftsverbindung
> mit Demselben (zu) scheide.
> Mit ausgezeichnetster Hochachtung
> Euer Hochwohlgeboren
>   Ergebenster
>   Jos. B. v. Eichendorff

Auch in den USA wachsen die Verlagsbäume nicht in den
Himmel: Nach einigen Jahren fand wieder ein *take-over*
statt. Diesmal landeten einige der bisher bei der Tochter in
Frankfurt am Main herausgegebenen Lehrbücher bei einem

Verlag in Berlin, der später mit einem Internationalen Germanistenlexikon auf sich aufmerksam machte, in welchem eine reale oder irreale NSDAP-Mitgliedschaft eines bekennenden Antifaschisten publik gemacht wurde. Fröhlicher registriert wurde die Aufnahme einer imaginären ‚Steinlaus' in das in diesem Verlag 2002 in 258.[!] Auflage erschienene Werk ‚Klinisches Wörterbuch'.

Nicht alle meine Bücher kamen bei der Verlagsübernahme nach Berlin. Ein von mir damals herausgegebener Kommentar zum Grundgesetz ging an einen besonders großen Juristischen Verlag in München, einem ziemlichen Giganten auf seinem Gebiet. Wer ein solches Unternehmen führt, muss wohl rund um die Uhr *busy* sein. Jedenfalls sei der Verlagschef am besten „vor acht Uhr morgens oder nach neun Uhr abends" erreichbar, so die Auskunft aus dem Vorzimmer (oder war es „vor sieben Uhr morgens oder nach acht Uhr abends"?). Auf die genaue Uhrzeit kommt es aber auch nicht an, weil man als einer von rund 4.500 Autoren dieses Verlages (so viele Namen führt der Verlagskatalog auf) ohnehin mit dem Verleger höchstselbst kaum etwas zu tun hat. Ansprechperson des Autors ist vielmehr – jedenfalls in einem Großverlag – einer der dortigen Lektoren. Den für mich in München damals zuständigen Lektor hätte ich wegen seines ständigen, wenn auch berechtigten Drängens auf Ablieferung längst überfälliger Manuskripte mehr als einmal auf den Mond schießen mögen; und doch war er einer der Lektoren, die ich von etlichen Mitgliedern seiner Zunft in langen Jahren am meisten geschätzt habe.

Der Lektor steht zwischen Autor und Verleger, allerdings viel näher am Verleger als seinem Arbeitgeber als am Autor, der ihm Arbeit macht. Zuweilen, wenn auch vermutlich selten, passiert es, dass der Autor zwischen Mühlsteine

gerät, die sich, für ihn unvorhergesehen, zwischen Lektor
und Verleger befinden. Eine inzwischen lange Jahre zurück-
liegende, aber mir immer noch unvergessliche Begebenheit
stammt aus dem Jahre 1969. Damals wurde von mir an
einen traditionsreichen Stuttgarter Verlag das Projekt eines
‚Wörterbuch des Nationalsozialismus' herangetragen. Das
Wörterbuch sollte in einer bekannten Taschenbuchausgabe
des Verlages die vielen in der NS-Zeit offiziell oder inoffi-
ziell gebrauchten Begriffe, Kennzeichen und Abkürzungen
erläutern, insbesondere für die jüngere Generation, die mit
diesem Vokabular einer Gewaltherrschaft nicht aufgewachsen war. Der Cheflektor des Verlages hatte grünes Licht
gegeben, Hunderte von Karteikarten waren in Arbeit. Normalerweise kann man davon ausgehen, dass bei einer solchen Sachlage die Zustimmung der Verlagsleitung vorliegt.
Umso erstaunter war ich, als ein Brief eintraf, in welchem
der in dieser Sache federführende Geschäftsführer (einer
der beiden Schwiegersöhne des Verlagsgründers) das Vorhaben ablehnte. Eingeleitet war die Absage mit der Information, dass in Fragen der Verlagsplanung und Themenwahl
der Cheflektor und die beiden Geschäftsführer seit Jahren
gemeinsam entschieden. Meinungsverschiedenheiten seien
in der Vergangenheit eigentlich nur über die mutmaßliche
Gängigkeit eines Projektes aufgetreten, worüber man sich
schließlich aber stets habe einigen können. Beim ‚Wörterbuch des Nationalsozialismus' trete nun zum ersten Mal
eine echte Diskrepanz zwischen dem Cheflektor und ihm
zutage; Begründung: „Ich kann mich nicht ohne beträcht-
liches Unbehagen an die Nazi-Zeit erinnern, die ich in der
Schule und beim Militär, vom Jahre 0 bis zum Jahre 1000
erlebt und erlitten habe. Dieses Unbehagen überkommt
mich auch beim Gedanken, nun mit dem Thema ‚National-

sozialismus' ins Verlagsgeschäft einzusteigen, damit ‚Geld zu verdienen'; verzeihen Sie, das kann ich nicht."

Das Vorhaben war damit gestorben. Ich war verständlicherweise enttäuscht. Aber ich habe den ablehnenden Beweggrund des Verlegers als ehrenhaft, jedenfalls als verständlich empfunden. Andere Verlage hatten solche Skrupel nicht. Inzwischen ist längst in hunderttausendfacher Auflage ein Taschenbuch ‚Nationalsozialismus. Begriffe aus der Zeit der Gewaltherrschaft 1933–1945' in einem anderen Verlag erschienen, der mehr auf der linken als auf der rechten Seite des Spektrums der Verlage steht. Mit Büchern über die braune Zeit hat sich so mancher Verlag eine goldene Nase verdient. Aus heutiger Sicht wäre es auch mehr als absurd, wenn über jene Zeit nichts oder nur wenig publiziert würde.

Bei einem anderen Stuttgarter Verlag hatte ich keine Probleme mit der Annahme eines Buchmanuskriptes, wohl aber mit dessen Ablieferung. Das war nicht Schuld des Verlages, sondern Schuld des Autors. Aber was heißt in diesem Zusammenhang ‚Schuld'? Natürlich hat jeder Autor ein ureigenes Interesse daran, dass ein von ihm dem Verlag zugesagtes Manuskript möglichst schnell an das Lektorat und dann in die Druckerei geht. Eine verzögerte Ablieferung beruht also nicht auf Böswilligkeit oder Unwilligkeit des Autors, sondern allenfalls auf Dickfelligkeit gegenüber Mahnungen des Verlages, immer aber auf irgendwelchen anderen Verhinderungen. Wie kann ein Verlag seine Autoren unter Druck setzen, ohne dass diese die Lust an der Arbeit an dem versprochenen Werk verlieren? Eine mich sehr beeindruckende, wirkungsvolle Mahnung in meinem Leben als Autor war, als ich eine – von mir noch nicht einmal im Manuskript beim Verlag abgelieferte – Neuauflage eines Lehrbuches im Katalog eines Antiquars fand. Ich weiß

nicht, ob der Verlag diese Mitteilung veranlasst hatte oder
irgendein Schelm oder ob es sich nur um ein Versehen
des Antiquariates handelte – jedenfalls war die Druckkraft
dieser Peinlichkeit auf die Fertigstellung des Manuskriptes
erheblich.

Der Autor liefert also – pünktlich oder unpünktlich –
‚nur' das Manuskript. Alles Weitere besorgt der Verlag. Zum
Verlagsgeschäft gehören z. B. Vorankündigung des Erscheinens, Kalkulation und Festsetzung des Verkaufspreises,
Gestaltung des Buches, Werbung, Druck und Auslieferung.
Der Autor tut gut daran, sich in das Verlagsgeschäft nicht
einzumischen: Er wird von den Verlagsoberen zwar freundlich angehört, aber der Verlag tut meist das, was er will,
nicht das, was der Autor will. Der Verleger hat zwar nicht
das ius primae noctis, wohl aber das ius ultimae decisionis.
So ziemlich alle, jedenfalls aber viele Entscheidungen des
Verlages hält der Autor für falsch. Ein Verlag liefert nur
im Frühjahr und im Herbst aus: der Autor versteht nicht,
warum sein Buch in einer Warteschlange steht. Der Verlag
setzt den Verkaufspreis auf 29 Euro fest, der Autor ist der
festen Überzeugung: 10 Euro billiger und das Buch wäre
ein Verkaufsrenner. Ein anderer Verlag entscheidet sich
für einen Verkaufspreis von 40,60 Euro. Der Autor hätte
39,90 Euro vorgezogen und stöhnt: Haben die Verlagsleute
noch nie an einer Tankstelle die Preise für Benzin und
Diesel gesehen? Neuerdings werden noch fünf Cent drauf-
gelegt; eine Festschrift, erschienen im Jahre 2012 bei einem
Verlag in Karlsruhe, kostet nun 229,95 Euro.

Zum immer wiederkehrenden Leid des Autors gehört
auch, dass nach seinen Empfindungen der Verlag zu wenig
Werbung für das Buch macht. Der – leider inzwischen ver-
storbene – Autor Jost Nolte schrieb mir vor einigen Jahren,

sein neuer Roman ‚Der Feigling‘ werde „vom Verlag weitgehend verheimlicht.“ Die Gegenrede von Verlegern ist
in Walter Benjamins „Einbahnstraße“ nachzulesen: „Und
ich habe an Ausstattung nicht gespart. Ich habe mich für
Reklamen verausgabt. – Sie wissen, wie ich nach wie vor Sie
schätze. Sie werden es aber mir nicht verdenken können,
wenn nun auch mein kaufmännisches Gewissen sich regt.
Wenn irgendeiner, tue ich für die Autoren, was ich kann.
Aber schließlich habe ich auch für Frau und Kinder zu
sorgen.“ Der Verlag druckt auf dem Buchumschlag den
Verlagsnamen in großen Lettern, den Namen des Autors in
kleinen: Kauft jemand, so fragt der beleidigte Autor sich, ein
Buch wegen des Verlages (nein) oder wegen des Autors (ja)?
Der Bucheinband fällt dem Betrachter als erstes ins Auge
und dem Autor nicht selten auf’s Gemüt. Die Farbgestaltung
gefällt dem Autor meist sowieso nicht, die graphische Gestaltung erst recht nicht. Ein Cheflektor, darauf hingewiesen, dass für den Bucheinband eines rechtswissenschaftli-
chen Werkes keine fallenden (=schrägen) Buchstabentypen
verwendet werden sollten, sondern – entsprechend der
Sachlichkeit des Gesetzes – gerade stehende, bemerkte dazu
lakonisch: „Darauf habe ich keinen Einfluss. Das macht der
Graphiker.“

Gelegentlich hat aber der Verleger nicht nur die Macht,
sondern auch Recht. Mit einem meiner beiden Lieblingsverleger, dem jugendlichen Inhaber eines alten (im Jahre
1801 gegründeten) wissenschaftlichen Verlages in Tübingen,
hatte ich einmal eine Kontroverse darüber, ob auf dem
schmalen Rücken eines von mir verfassten Büchleins die
Aufschrift von unten nach oben gehen soll (was mir richtig
und üblich schien) oder von oben nach unten. Der Verleger
schrieb dazu unter der Überschrift „Ein schöner Rücken

kann auch entzücken" (ich hätte dabei allerdings eher an das Rückendekolleté des Ballkleides einer Dame gedacht als an ein Buch), ein Blick in ein international bestücktes Bücherregal zeige: „Da gibt es einen tiefen Glaubensgraben, früher lag er eindeutig im Ärmelkanal, heute verläuft er recht gewunden durch Deutschland. Die deutsche Tradition, von unten nach oben, hat das pränatale Argument: Weil der Mensch schon in der Gebärmutter linksgekrümmt liegt, neigt er den Kopf leichter nach links. Die englische Art, von oben nach unten, führt vor allem ein umgangs-praktisches Argument aus: Man sollte auch aufeinanderliegende Bücher am Rückentitel erkennen können." Schließlich schmeichelte der Tübinger Verleger noch geschickt allen Autoren mit dem Argument: „Bei der praktischen Art von oben nach unten steht bei der Reihenfolge: Autor / Titel der Autor obenan und das erleichtert nicht nur das Einräumen und Finden, sondern ist auch überhaupt richtig so." Das erinnert an die von Albrecht Schöne zitierte Feststellung eines Vorfahren meines Münchner Verlegers zur Bedeutung der Autoren für den Verlag: „Sie sind noch heute die eigentlichen Träger seines Ansehens, und, wie es sich von selbst versteht, auch die Stützen seiner wirtschaftlichen Kraft."

Was macht einen Verleger unter vielen zum Lieblingsverleger eines Autors, oder sagen wir bescheidener: zu einem angenehmen Verleger? Was tut er? Was unterlässt er? Ein angenehmer Verleger beantwortet Briefe nicht erst nach Monaten oder auf Nachfrage hin, sondern zügig. In seinem Haus hat nicht, wie in manchem großen Buchkonzern, der Controller das Sagen, sondern er selbst. Er akzeptiert ausnahmsweise ein handschriftliches Manuskript als Vorlage, wenn auch nicht ohne leises, aber vernehmbares Murren und nicht ohne den ausdrücklichen Hinweis, dass dies vor fünfzig Jahren zum letzten Mal geschehen sei. Sein Lektor verbessert Manuskripte, ohne dass der Autor die Änderungen – weil sie falsch sind – rückgängig machen muss. Der Verleger kümmert sich persönlich um den Fortgang des Projektes. Er informiert den Autor sogar über die Schrifttype, die er für das Buch ausgewählt hat („Ich möchte es in der Bembo setzen lassen" – was für ein fröhlich klingender Name für eine Schrift). Er schickt, wenn das Buch vorliegt (wie der Autor meint: endlich vorliegt), diesem ein Vorausexemplar; dem aufmerksamen Auge des Verlegers entgeht dabei nichts: „Der Umschlag [so schreibt er dem Autor] ist etwas falsch verschnitten: oben 2 bis 3 mm zuviel weg, unten zuviel dran. Das wird für die Auflage korrigiert." (Der Autor selbst hatte die verrutschten Millimeter gar nicht bemerkt). Nie würde ein bei diesem angenehmen Verleger erschienenes Buch schon im Schaufenster einer Buchhandlung liegen, bevor dem Autor ein Vorabexemplar oder sogar seine Autorenfreiexemplare zugegangen sind. Ganz und gar undenkbar wäre es auch, dass das Buch unter einem Titel erschiene, den der Autor nicht gut fände. Ein kooperativer Verleger sollte informationswillig sein. Wäre dies stets der Fall, so hätte ich nicht an einen meiner Verleger wie folgt schreiben müssen: „Ich weiß zwar, daß man als Mitglied der bedauernswerten Menschengattung ‚Autor' (anzusiedeln etwa zwischen Esel, Lamm, Ameise und Webervogel) von einem Verlag nur ein Minimum an Information erwarten darf. Aber vielleicht geschieht einmal ein Wunder?"

Wie immer das Verhältnis zwischen Autor und Verleger sich im Einzelfall gestaltet, ob in Freundschaft oder mit Ärger, so kommt es jedenfalls zu einer singulären Partnerschaft; ihrer beider Wirken bringt mit linksgekrümmten oder rechtsgekrümmten Buchrücken, in der Bembo oder in einer anderen Type, etwas auf die Welt, über dessen Wohl und Wehe dann noch viele andere mitentscheiden, allen voran die Leser, aber auch Kritiker, Buchhändler, Grossisten und Verlagsvertreter, die den Buchhandlungen die jeweils neuen Buchtitel schmackhaft machen müssen. Das ist angesichts der derzeitigen angespannten Lage auf dem Buchmarkt ein verdammt harter Job. Oft haben Buchhändler, die um ihr wirtschaftliches Überleben kämpfen müssen, wenig Zeit, sich die Angebote anzuhören. Vom Besuch bei einer Buchhandlung frustriert zurückgekehrt erinnerte sich unlängst ein Verlagsvertreter bitter: „Mir wurde noch nicht einmal ein Stuhl angeboten."

Wer als Autor über das Thema ‚Der Autor und sein Verlag' schreibt, sollte tunlichst Erfahrungen mit nicht nur einem Verlag aufweisen, sondern mit mehreren. Der Verfasser dieser Zeilen sieht sich als Wanderer zwischen nicht wenigen Verlagen; er glaubt deshalb auf ein nicht ganz unerhebliches Vergleichsmaterial zurückgreifen zu können: Vom Autor dieses Beitrages geschriebene oder herausgegebene Bücher sind erschienen bei Athenäum, C. H. Beck, Berliner Wissenschaftsverlag, R. v. Deckers Verlag G. Schenck, Deutscher Taschenbuch Verlag dtv, Duncker & Humblot, Ellert & Richter, Dr. Max Gehlen, Walter de Gruyter, Carl Heymanns, P. Keppler, W. Kohlhammer, Alfred Kröner, Peter Lang, Mauke Söhne, Alfred Metzner, Mohr Siebeck, Nomos, Reuter & Klöckner, Ferdinand Schöningh und im Scriptor Verlag. Im Ausland wurde ein Buch des Verfassers in einem österreichischen Verlag veröffentlicht (ARES, Graz), die Übersetzung eines Lehrbuches ins Chinesische in der Volksrepublik China (World Affairs Press, Peking).

1. Der Autor: einer von vielen

Wenn von ‚dem Autor' und ‚seinem Verlag' gesprochen wird, so muss man sich zunächst klarmachen, dass ‚der Autor'[1] zwar in seiner konkreten Erscheinung eine einzelne Person ist, als Vertreter einer Gattung aber – wie im Vorwort schon erwähnt – hunderttausendfach vorkommt, vielleicht sogar einer oder eine von Millionen ist. Die ungezählte Masse Schreibender – wenige glückliche, viele unglückliche – umfasst dabei ‚nur' die Menschen, die schon ein Buch oder wenigstens einen Artikel in einer Zeitung oder einer Zeitschrift veröffentlicht haben oder von denen ein Beitrag in einem Rundfunkprogramm gesendet worden ist. Mit dieser Eingrenzung wird nicht verkannt, dass der Begriff der Autorschaft zwar primär an den Vorgang des Schreibens gebunden ist, sich aber auch in anderen Medien wie Fotografie, Film, Interview, Preisrede, Vortrag, Brief, Autobiographie, Tagebuch und Nachlass inszeniert.[2]

Neben diesen Personen, die also Autoren *sind*, gibt es mindestens ebenso viele, vielleicht sogar mehr, die Autor sein *wollen*. Einer Umfrage des *Figaro littéraire* zufolge liegen in Frankreich mehr als eine Million unveröffent-

---

[1] ‚Der Autor' ist hier und im Folgenden selbstverständlich auch die Autorin, ‚der Verleger' ist auch die Verlegerin, ‚der Lektor' ist auch die Lektorin.

[2] Dazu *Lucas Marco Gisi / Urs Meyer / Reto Sorg* (Hrsg.), Medien der Autorschaft. Formen literarischer (Selbst-)Inszenierung von Brief und Tagebuch bis Fotografie und Interview, Paderborn 2013.

lichter Manuskripte in Schubladen; jeder dritte Franzose
denke daran, ein Buch zu schreiben.[3] Der Stuttgarter Verleger Michael Klett schreibt unter der Überschrift ‚Suchbild des starken Autors im Medienzeitalter‘ vermutlich aus
verlegerischer Erfahrung: „Die Macht, die die moderne
Verbreitung verleiht, zieht alles mögliche Gelichter an.“[4] Es
muss aber nicht nur Gelichter sein, das die Feder schwin-
gen will, und man muss nicht unbedingt nach Frankreich
schauen. Ich treffe in Hamburg einen ehemaligen Politiker;
auf meine – nicht sehr originelle – Frage: „Was machen Sie
zur Zeit?“ kommt die Antwort: „Ich schreibe einen Roman.“
Ich spreche mit einer Journalistin, erkundige mich nach
ihrer als Rechtsanwältin tätigen Tochter und höre: „Sie
schreibt einen Roman.“ Ich spreche mit einem Verleger
über den Plan, Kurzgeschichten zu veröffentlichen; der Rat
des Verlegers: „Vorher müssen Sie erst einen Roman heraus-
bringen.“ Schließlich, ein paar Häuser weiter in meiner
Straße: eine Hausfrau; die inzwischen erwachsenen Kinder
sind aus dem Haus. Preisfrage: Was macht die Mutter? Antwort: Sie schreibt an einem Roman (schon seit Jahren).

Der potentielle wie auch der gestandene Romanautor
könnten ihrerseits Stoff für einen Roman bieten. Jedoch ist
dieses Thema nicht Gegenstand des vorliegenden Buches,
die auf einer dreifachen gegenständlichen Beschränkung
beruht: Es geht hier 1. im Wesentlichen nur um den wissenschaftlichen Autor, 2. nur um (s)einen wissenschaftlichen

---

[3] J.A. (*Jürg Altwegg*, d. Verf.), Heimliche Lust, in: FAZ Nr. 225 v.
28.9.2009, S. 25.
[4] *Michael Klett*, Suchbild des starken Autors im Medienzeitalter.
Maß nehmen und Überschüsse des Glücks beschreiben – aber wo der
Konsens übermächtig wird, kann auch Schweigen eine Antwort sein,
in: FAZ Nr. 94 v. 23.4.2005, S. 49.

Verlag, und 3. nur um die Beschreibung dieses Verhältnisses in Deutschland. Diese Beschränkung der Darstellung ist jedoch kein Wahrnehmungskäfig; denn nicht wenige Beobachtungen zum Verhältnis des wissenschaftlichen Autors zu seinem wissenschaftlichen Verlag in der Bundesrepublik Deutschland gelten auch für die freie Wildbahn außerhalb dieser Grenzen. Deshalb werden im Folgenden auch etliche Geschehnisse im Zusammenhang mit nichtwissenschaftlichen Autoren und mit nichtwissenschaftlichen Verlagen, insbesondere solchen der Belletristik, als Beispiele erwähnt.

Der wissenschaftliche Autor ist einer von vielen Autoren und sein Verlag ist einer von vielen Verlagen; jedoch ist die Zahlenrelation sehr unterschiedlich. Einer großen Zahl von wissenschaftlichen Autoren steht eine sehr viel kleinere, jedenfalls überschaubare Zahl von wissenschaftlichen Verlagen gegenüber. Es gibt mehr als einen Autor, dessen Publikationen nur bei einem einzigen (,seinem') Verlag, dem sogenannten ,Hausverlag', erschienen sind, aber es gibt wohl – abgesehen von Kleinstverlagen – kaum einen wissenschaftlichen Verlag, der nur einen einzigen Autor unter Vertrag hat. So gesehen leben viele Autoren in ihrer Verlagsbeziehung monogam, während die Verlage polygame Wesen sind. Eine Monogamie kraft Natur der Sache entsteht dann, wenn ein Autor nur eine einzige Veröffentlichung zustande bringt. Dies gilt vor allem für die große Zahl der Doktoranden, die zwar ihre Dissertation aufgrund der diesbezüglichen Vorschriften in den Promotionsordnungen veröffentlichen müssen, aber dieser Publikation meist keine weiteren Veröffentlichungen folgen lassen; dies gilt aber auch für Gelegenheitswissenschaftler, das heißt für wissenschaftliche Autoren, die nicht an einer wissenschaftlichen Hochschule oder an einer anderen wissenschaftli-

chen Einrichtung beruflich tätig sind. Während noch im
19. Jahrhundert die Tatsache, dass „die Universitäten in
Deutschland der Sitz der gelehrten Büchererzeugung" seien,
eine deutsche Besonderheit genannt werden konnte,[5] hat
sich inzwischen längst – wie ein Blick in die Verlagsver-
zeichnisse wissenschaftlicher Verlage zeigt – der Kreis der
wissenschaftlichen Autoren weit über das Personal an den
wissenschaftlichen Hochschulen hinaus erweitert. Jeder
wissenschaftliche Autor ist also einer von vielen Autoren,
aber nicht jeder wissenschaftliche Autor ist auch ein Autor
von vielen Veröffentlichungen.

Wenn von einem Autor die Rede ist, so verbindet sich
damit typischerweise die Vorstellung, dass die betreffende
Veröffentlichung von einem (einzigen) Autor stammt, nicht
von mehreren. Ein Buch von Günter Grass ist eben ein
Buch von Grass, nicht von Gräsern. Offensichtlich ist in
der Belletristik die Alleinautorschaft noch immer die Regel.
Ein Autorenduo – wie das unter dem Pseudonym Ole Kristiansen Kriminalromane schreibende Hamburger Autorenduo Ole Christiansen und Thomas Plischke[6] – bildet
eine Ausnahme. Eine bemerkenswerte Tendenz findet sich
in der Erinnerungsliteratur in Form einer Mischung von
Autobiographie und Sachbuch: Solche Bücher weisen einen
(Haupt-)Autor auf und einen mit dem Verbindungswort
„mit" erscheinenden (Neben?-)Autor, wobei der Name der

---

[5] *Robert von Mohl*, Staatsrecht und Politik, Bd. 3 Teil 2: Politik,
Tübingen 1869, S. 122, zit. nach *Sylvia Palatschek*, Verbreitet sich ein
‚Humboldt'sches Modell' an den deutschen Universitäten im 19. Jahr-
hundert?, in: Rainer Christoph Schwinges (Hrsg.), Humboldt Interna-
tional. Der Export des deutschen Universitätsmodells im 19. und 20.
Jahrhundert, Basel 2001, S. 75 ff. (96).
[6] *Ole Kristiansen*, Der Wind bringt den Tod – Lebendig begraben,
München 2012.

Hauptperson in größeren Typen, der Name der Neben-
person in kleineren Typen gedruckt erscheint. Beispiele
hierfür sind das überflüssige Buch von „Bettina Wulff mit
Nicole Maibaum"[7], das interessante Buch von „Ole von
Beust mit Nahuel Lopez"[8] und das gegen den Mainstream
anschreibende Buch von „Kristina Schröder und Caroline
Waldeck"[9].

Was den Bereich der Wissenschaft angeht, so ist die
Praxis hinsichtlich Ko-Autorschaft oder Alleinautorschaft
in verschiedenen Wissenschaftsdisziplinen unterschiedlich.
Während eine Ko-Autorschaft von mehreren Autoren vor
allem in den Naturwissenschaften und in der Medizin
durchaus üblich ist, kommt sie in den Geisteswissenschaften
weniger häufig vor,[10] wenn überhaupt hier – jedenfalls ver-
mehrt – erst in neuerer Zeit. Die Praxis solcher Veröffentlichungen im Kollektiv kann wohl nicht anders als zwiespäl-
tig beurteilt werden. Wenn mit der Nennung als Ko-Autor
der Beitrag eines jüngeren Wissenschaftlers, etwa eines wissenschaftlichen Mitarbeiters, zur Veröffentlichung eines ‚ge-
standenen‘ Wissenschaftlers anerkannt und dokumentiert
wird, ist eine solche Heraushebung aus der häufig üblichen
bloßen Danksagung in Form einer Fußnote zu begrüßen.
In anderen Fällen sind Kollektivveröffentlichungen kritisch
zu betrachten, vor allem deshalb, weil die individuelle Ver-

---

[7] *Bettina Wulff* mit *Nicole Maibaum*, Jenseits des Protokolls, München 2012.

[8] *Ole von Beust* mit *Nahuel Lopez*, Mutproben. Ein Plädoyer für
Ehrlichkeit und Konsequenz, Gütersloh 2012.

[9] *Kristina Schröder* und *Caroline Waldeck*, Danke, emanzipiert sind
wir selber!, München 2012.

[10] Zur Klarstellung: Gemeint ist hier mit Ko-Autorenschaft ein ge-
meinsames Verfassen einer Monographie oder eines Beitrages, nicht
die gemeinsame Herausgeberschaft eines Sammelwerkes.

antwortlichkeit für die Urheberschaft im Einzelnen unklar wird.[11] Persönlichkeit und Werk sind jedenfalls im Idealfall nicht voneinander trennbar.[12]

Die Berechtigung sog. ‚Schrägstrichpublikationen' mag in den verschiedenen Wissenschaftsdisziplinen unterschiedlich zu beurteilen sein. Sinnvoll ist eine, die einzelnen Teile der Ko-Autorschaft nicht gesondert ausweisende gemeinsame Veröffentlichung wohl in allen Wissenschaftsdisziplinen dann, wenn ein früherer Beitrag eines Autors von einem anderen, neuen Autor neu bearbeitet und damit fortgeführt wird. Findet man dagegen im Schriftenverzeichnis z. B. von Staatsrechtslehrern, wie heute nicht ganz selten, auffallend viele ‚Schrägstrichpublikationen', so drängt sich die Frage auf: Schafft der Autor nichts alleine? Benötigt er Gürtel und Hosenträger?

---

[11] Ausführlicher zum Thema der Kollektivveröffentlichungen: *Ingo von Münch*, Gute Wissenschaft, Berlin 2012, S. 102 ff. mit weiteren Nachweisen.

[12] Siehe aber den Hinweis von *Roland Wittmann* in seiner Einführung zu Rechtsentstehung und Rechtskultur. Heinrich Scholler zum 60. Geburtstag, hrsg. von Lothar Philipps und Roland Wittmann, Heidelberg 1991, S. 1: „F. C. v. Savigny hat einmal die römischen Juristen als ‚fungible', d. h. austauschbare Personen bezeichnet, geleitet von dem mehr als zweifelhaften Ideal, bei juristischen Werken komme es auf die Persönlichkeit des Verfassers gar nicht an."

2. Die Auswahl des Verlages
und Verlagswechsel: Kriterien

Die altbekannte Frage, ob die Henne vor dem Ei oder das Ei vor der Henne da war, lässt sich offenbar nicht einfach beantworten. Was die zeitliche Abfolge der Existenz von Autor und Verlag betrifft, so wird man als Autor von der Erstgeburt der eigenen Erscheinung ausgehen, während ein Verleger vielleicht die umgekehrte Reihenfolge favorisiert. Die Geschichte der Literatur bietet ersichtlich keinen Autor als Adam und keine Verlagsgesellschaft als Eva. Für die Frage nach dem heutigen Verhältnis von Autor und Verlag braucht dieser Anciennitätsfrage jedoch nicht nachgegangen zu werden. Heute stellt sich vielmehr die Frage, wer geht als Erster auf den Anderen zu, das heißt: Von wem geht die Initiative aus? Und: Welches ist der Zeitpunkt der Initiative – vor Fertigstellung eines Manuskripts (vielleicht sogar vor Beginn der Arbeit an dem Manuskript) oder erst nach Fertigstellung?

Was die Frage nach dem Initianten betrifft, so gibt es für deren Beantwortung keine festen Regeln. An junge, noch unbekannte Wissenschaftler wird ein Verlag selten von sich aus herantreten. Wer eine Doktorarbeit geschrieben hat, wird nicht auf die Initiative eines Verlages warten, sondern sich von sich aus an einen oder an mehrere Verlage wenden. Handelt es sich dagegen um einen prominenten Wissenschaftler, so kann sich das Verhältnis umdrehen: In diesem Fall kann es geschehen, dass ein Verlag an den

Wissenschaftler herantritt, um sich dessen Manuskript zu
sichern, dies insbesondere dann, wenn dieser Autor schon
mit anderen seiner Werke bei jenem Verlag unter Vertrag
steht. Dieses Verlagsgebaren beruht mit Sicherheit nicht
auf Jugenddiskriminierung, sondern einfach auf Absatz-
erwartungen: Ein zehntes Buch von Helmut Schmidt lässt
die Kasse des Verlages mehr klingeln als ein erstes Buch von
Helmut Irgendwer. In Wärmegraden formuliert: Verlage
sind heiß auf Prominente; Nichtprominenten zeigen Verlage oft die kalte Schulter (wobei es natürlich auch seitens
der Verlage ‚Entdeckungen‘ gibt).

Der junge Wissenschaftler wird also in der Regel nicht
von einem Verlag gesucht, sondern er sucht einen Verlag; er muss also wählen, an wen er sich wenden soll. Am
Beispiel der Doktorarbeiten zeigt sich, wie sich insoweit
die Maßstäbe verändert haben: Ursprünglich konnte der
Doktortitel ohne eine veröffentlichte Dissertation (ja sogar
mit einer Promotion in absentia) erworben werden. Aufgrund einer Initiative von Theodor Mommsen geriet die
großzügige Promotionspraxis der „Winkeluniversitäten" in
die Kritik, eine Praxis, mit der diese Universitäten sich Einnahmen zur Bezahlung der Professorengehälter verschaff-
ten. Gegen Ende des 19. Jahrhunderts setzte sich, ausgehend
von den Universitätsreformen in Preußen, das Erfordernis
der Veröffentlichung der Dissertation als Voraussetzung
zum Erwerb des Doktortitels durch.[1] In der unmittelbaren
Nachkriegszeit nach 1945 bestand noch kein Druckzwang;
die Dissertation wurde in Schreibmaschinenschrift mit

---

[1] Ausführlich dazu: *Ulrich Rasche*, Mommsen, Marx und May. Der
Doktorhandel der deutschen Universitäten im 19. Jahrhundert und was
wir daraus lernen sollten, in: Forschung & Lehre 2013, S. 196 ff.

einer bestimmten Anzahl von Durchschlägen eingereicht.[2] Als Anfang der 1950er Jahre die Papierknappheit beseitigt war, konnten Dissertationen nun ‚richtig' gedruckt werden. Die Veröffentlichung der Dissertation in einem normalen Verlag war aber für viele frisch Promovierte unerreichbar. Jedoch gab es spezielle Dissertationsverlage (z. B. Triltsch in Düsseldorf) und auf den Druck von Dissertationen spezialisierte Druckereien (z. B. Zühlsdorf in Frankfurt am Main, Kalbfleisch in Gelnhausen), zu denen man das Manuskript der Arbeit trug. Die Abwicklung war denkbar einfach: Es gab keinen Verlagsvertrag, sondern nur einen Druckauftrag, der zügig erledigt wurde. Die Rechnung hielt sich in Grenzen und war selbst für Geringverdiener[3] erschwinglich.

Die heutige Generation der Promovierten ist – zu Recht – anspruchsvoller. Ein Verlag sollte es schon sein, in dem das erste (und oft: das einzige) Buch des oder der Promovierten erscheint, wobei der Prozentsatz der Dissertationen, die bei einem Verlag gedruckt erscheinen, je nach promovierender Fakultät unterschiedlich hoch ist.[4] Zwar verpflichten die

---

[2] Schilderung der Schwierigkeiten im Zusammenhang mit der Abfassung einer Dissertation im Jahr 1947/1948 bei *Hellmuth Hecker*, Schleswig und die Entwicklung des Selbstbestimmungsrechts und Minderheitsschutzes, Kiel 1995, Vorwort S. 4 ff., u. a. mit dem Hinweis, dass bei völkerrechtlichen Dissertationen in Hamburg dem britischen Universitätsoffizier eine Zusammenfassung in 180 Worten zwecks Genehmigung vorzulegen war.

[3] Zur Veranschaulichung: Junge Juristen promovieren zumeist während ihrer Referendarzeit. Mitte der fünfziger Jahre erhielt ein Rechtsreferendar im Lande Hessen während der ersten sechs Monate des juristischen Vorbereitungsdienstes keine Vergütung; danach „bei Bedürftigkeit und Würdigkeit" zunächst 60,– DM monatlich.

[4] *Klaus G. Saur* meint, dass bei Dissertationen nur noch zehn Prozent in Druck gehen (zit. nach *Michael Stallknecht*, Der Druck wächst. Der Verleger Klaus G. Saur über Papier, Print und E-Book, in: FAZ

Promotionsordnungen der verschiedenen Fakultäten an den wissenschaftlichen Hochschulen in Deutschland zur Erlangung des Doktorgrades nur zur Ablieferung einer bestimmten Anzahl von sogenannten Pflichtexemplaren der Dissertation, eine Verpflichtung, die an sich auch per Vervielfältigung im Copy-Shop oder per ‚Libri on demand‘ erfüllt werden kann. Ein fürsorglicher Betreuer oder eine fürsorgliche Betreuerin des Doktoranden werden diesem aber zu einer Veröffentlichung in einem ‚richtigen Verlag‘ raten, jedenfalls dann, wenn die Betreuer die betreffende Arbeit für eine gelungene wissenschaftliche Leistung halten. Ist dies der Fall, dann beginnt für den jungen, insoweit noch nicht kampferprobten Wissenschaftler die Suche nach einem für sein Veröffentlichungsvorhaben geeigneten Verlag.

Die Qual der Wahl wird dem Promovierten abgenommen, wenn der Doktorvater oder die Doktormutter Alleinherausgeber/in oder wenigstens Mitherausgeber/in einer Schriftenreihe ist. In diesem Fall wird, wenn die Doktorarbeit thematisch in die Schriftenreihe passt, eine Einladung erfolgen, die Arbeit in dieser Reihe zu veröffentlichen. Gegenüber früheren Zeiten hat die Situation am wissenschaftlichen Buchmarkt sich unter anderem auch dadurch geändert (dies zugunsten der Doktoranden), dass es heute viel mehr wissenschaftliche Schriftenreihen gibt als früher. Von einer Tendenz zur Konzentration auf dem Buchmarkt ist insofern nichts zu spüren. Ein Verlag mit Sitz in Baden-Baden schreibt an seine Autoren: „Obwohl

---

Nr. 92 v. 22.4.2010, S. 14). Bei den Juristen liegt nach meiner Erfahrung der Anteil der als Buch erschienenen Dissertationen weit über zehn Prozent.

wir in unserem Hause über 300 Schriftenreihen betreuen,
ist uns bewusst, dass es immer noch Lücken im Programm
gibt. Daher freuen wir uns jederzeit über Anregungen für
weitere Reihen [!] und sonstige Projekte" (Ausrufezeichen
vom Verf.). ‚Nur' auf über 200 Schriftenreihen kam schon
im Jahre 2009 ein auf das Angeln neuer Autoren, vor allem
von Doktoranden, spezialisierter Verlag in Hamburg, der
mitteilt: „Ausführliche Informationen zu jedem unserer
mehr als 5.500 Titel in über 200 Schriftenreihen finden Sie
auf unser Website … Wenn Sie an einem unverbindlichen
Angebot für die Verlegung Ihrer Arbeit interessiert sind, die
Herausgabe einer wissenschaftlichen Reihe planen [dieser
Satzteil in Fettdruck, d. Verf.], unser Gesamtprogramm
kennen lernen möchten, Fragen oder Wünsche haben, steht
Ihnen unser freundliches und hilfsbereites Verlagsteam
gern zur Verfügung."

Schon vorher hatte derselbe Verlag an Hochschullehrer
geschrieben: „Wir möchten Sie besonders auf die Möglichkeit der Eröffnung Ihrer eigenen Schriftenreihe hinweisen, in der Ihre Werke, die Ihrer Doktorandinnen und
Doktoranden oder Ihres Instituts zu sehr guten Konditionen erscheinen können. Durch die Herausgeberschaft von
Schriftenreihen schaffen Sie eine adäquate Plattform für
Ihre Arbeiten sowie die Ihrer Doktorandinnen und Doktoranden und sichern diesen Publikationen eine verstärkte
Wahrnehmung in der Fachwelt." Schließlich liest man unter
der Überschrift „Gründung Ihrer eigenen Schriftenreihe" in
einem Prospekt dieses „Fachverlages für wissenschaftliche
Literatur": „Mit einer eigenen Schriftenreihe geben Sie
Ihren wissenschaftlichen Forschungen, denen Ihrer Doktoranden und Doktorandinnen oder ihres Instituts einen
wiedererkennbaren Rahmen. Dadurch wird Ihren Arbeiten

in der Fachwelt eine erhöhte Wahrnehmung gesichert. Viele unserer Bibliotheks-Kunden bestellen Schriftenreihen zur Fortsetzung, sodass die Rezeption Ihrer Werke über einen langen Zeitraum gewährleistet ist."

Das Leben von Schriftenreihen verläuft allerdings nicht selten unterschiedlich. Die eine Schriftenreihe mag ein Perpetuum mobile sein, während eine andere Schriftenreihe vor sich hin dümpelt oder sogar gänzlich ruht. Im Verlagskatalog eines Berliner Wissenschaftsverlages sind derzeit rund 70 Schriftenreihen aufgeführt, wozu der Verleger in sympathischer Offenheit anmerkt: „Dabei ist allerdings zu berücksichtigen, dass zwischen 10 und 20 Schriftenreihen ‚eingeschlafen' sind. Das heißt, dass sie seit ca. 2–3 Jahren keine Neuerscheinungen mehr erlebt haben." Wie die Erfahrung zeigt, existieren schlafende Schriftenreihen nicht nur bei diesem einen Verlag, sondern bei vielen.

Die Edition von Buchreihen wird nicht selten von wissenschaftlichen Verlagen als Gütesiegel für das gesamte Programm des betreffenden Verlages gedeutet. Der bereits erwähnte wissenschaftliche Verlag in Baden-Baden bezeichnet seine Schriftenreihen als „Einen Beitrag zum wissenschaftlichen Fortschritt". In einem Rundbrief dieses Verlages an seine Autoren heißt es, er verlege seit vielen Jahren „Wissenschaft mit Leidenschaft. Von dieser vielfältigen und spannenden Aufgabe zeugen unsere zahlreichen Schriftenreihen [dieses Wort in Fettdruck, d. Verf.] unterschiedlichster Themengebiete. Die Aufnahme nur der besten [auch dieses Wort in Fettdruck, d. Verf.] wissenschaftlichen Arbeiten sowie ein Peer-Review-Verfahren [dieser Ausdruck ebenfalls in Fettdruck, d. Verf.] der Herausgeber gewährleisten das hohe Maß an Qualität unserer Publikationen." Eine hohe Anzahl von Schriftenreihen bedeutet aber mitnichten auch ein hohes Maß an Qualität. Wo extrem viel publiziert wird, ist das Vorhandensein von wenig Bedeutendem kaum zu vermeiden. Manchem Verlag möchte man zurufen: multum non multa.

Buchreihen sind für die Verlage deshalb ökonomisch von Vorteil, weil mehrere Bände einer Reihe einfacher und damit kostengünstiger herzustellen und zu bewerben sind als dieselbe Zahl von Einzelveröffentlichungen. Spekuliert wird auch auf Reihenabonnements und darauf, dass ein Titel in der Reihe andere Titel mit sich zieht.[5] Viele Reihen bedeuten zugleich viele Herausgeber. Heute sind Professoren als Herausgeber einer Schriftenreihe keine Seltenheit mehr, sondern vermutlich gängig. Bringt es ein Hochschullehrer auf mehr als ein halbes Dutzend von ihm allein oder mit herausgegebenen Schriftenreihen, so könnte man ihn als ‚Reiher‘ bezeichnen. Für die Verfasser von Doktorarbeiten ist, wie erwähnt, das Vorhandensein von Schriftenreihen ein Vorteil, womit allerdings nicht stets auch die Frage der Finanzierung der Veröffentlichung gelöst ist. Deshalb gibt es Verlage, die – gelegentlich mit intensiver Werbung – Verfasser von Doktorarbeiten anlocken, auch hier allerdings nicht mit Gratisangeboten.

Die Zahl der auf den Verlagsmarkt drängenden Habilitationsschriften ist erheblich geringer als die Zahl der zur Veröffentlichung anstehenden Dissertationen. Habilitationsschriften sind nicht nur sehr aufwändige wissenschaftliche Leistungen sondern auch in gewisser Weise Prestigeobjekte – sowohl für die Habilitierten selbst als

---

[5] Reihenabonnements werden z. B. empfohlen, „um automatisch immer auf dem neuesten Stand zu sein"; das Abonnement sei zudem „völlig unkompliziert und jederzeit kündbar".

auch für deren Betreuer und Betreuerinnen, sowie für die habilitierende Fakultät, schließlich aber auch für den Verlag, in welchem die Habilitationsschrift erscheint. Ein habilitierter Hochschullehrer wird sein Werk nur ungern in einem Billigflieger in die civitas academica transportieren wollen, sondern lieber mit einem angesehenen Verlag. Für Werke mit sehr speziellem Inhalt mag nur ein ebenso spezieller Fachverlag in Betracht kommen.[6]

In jedem Fall haben sowohl die frisch Promovierten als auch die frisch Habilitierten ein verständliches Interesse daran, dass ihre Arbeiten ohne längere Verzögerung veröffentlicht werden. Hinsichtlich der Promovierten ergibt sich dieses Interesse schlicht auch aus der Tatsache, dass die Promotionsordnungen in der Regel – wie bereits erwähnt – die Genehmigung zur Führung des Doktortitels von der Ablieferung der sogenannten Pflichtexemplare oder zumindest vom Vorweisen eines Verlagsvertrages abhängig machen. Was die Habilitierten betrifft, so können diese vor allem in Berufungsverfahren mit einer veröffentlichten Habilitationsschrift mehr ‚punkten‘ als mit einer unveröffentlichten. Tatsache ist auch, dass unveröffentlichte Arbeiten unrezensiert bleiben – wiederum ein Nachteil zu Ungunsten des Autors.

All dieses spricht dafür, einen Verlag zu suchen, bei dem das vom Autor eingesandte Manuskript nicht auf Halde

---

[6] Zur Abgrenzung von Wissenschaftsverlagen und Fachverlagen s. *Matthias Horz*, Gestaltung und Durchführung von Buchverlagsverträgen. Am Beispiel der Literaturübersetzung, Belletristik und Wissenschaft, Berlin 2005, S. 34: „Die Grenze zwischen wissenschaftlichen Verlagen und Fachverlagen ist fließend. Generell geben Fachverlage bevorzugt praxisbezogene Literatur heraus, während wissenschaftliche Verlage sich der Grundlagen- und Studienliteratur widmen."

liegt, sondern im Verlagshaus einigermaßen zügig für die Drucklegung bearbeitet wird. Für den wissenschaftlichen Autor ist eine solche zügige verlegerische Behandlung seines Manuskripts auch deshalb wichtig, weil wissenschaftliche Untersuchungen nicht selten Gefahr laufen, schnell zu veralten; bekannt ist der in Bezug auf rechtswissenschaftliche Publikationen viel zitierte Ausspruch von Julius Hermann von Kirchmann aus seinem Vortrag ,Die Wertlosigkeit der Jurisprudenz als Wissenschaft' von 1847: „Drei berichtigende Worte des Gesetzgebers, und ganze Bibliotheken werden zu Makulatur."

Auf dem Schreibtisch jedes Verlegers sollte deshalb ein Schild stehen mit der schon den alten Römern bekannten Lebensweisheit: „bis dat qui cito dat"[7]. Unter dem Aspekt schnellen Erscheinens mag es sinnvoll sein, das Manuskript einem kleinen Verlag anzubieten, um der schwerfälligen Bürokratie eines größeren Verlages zu entgehen.[8] Andererseits bietet ein größerer Verlag möglicherweise eine intensivere Werbung für das Buch und einen besseren Vertrieb. Ortsansässigkeit des Verlages und ein persönlicher Kontakt zum Verleger können jedenfalls hilfreich sein. Hat der Autor tatsächlich die Möglichkeit der Wahl zwischen mehreren Verlagen, so mag er auch das Renommee des Verlages und die Aufmachung (Einbandgestaltung, Drucktypen, Papierqualität) in Betracht ziehen.[9] Anders als ich

---

[7] Zurückgehend auf Publilius Syrus (um 50 v. Chr.): *Büchmann*, Geflügelte Worte. Neu bearbeitet und herausgegeben von Hanns Martin Elster, Stuttgart 1956, S. 353.

[8] Beispiel für eine vom Autor als bürokratisch empfundene Verlagsauskunft: „Erscheinungstermin nicht vor dem Frühjahr, weil wir unsere Bücher im Frühjahrsprospekt anzeigen müssen."

[9] Im Zusammenhang mit der Frage, ob ein Roman als jugendgefährdende Schrift aufgrund des Gesetzes gegen jugendgefährdende Schrif-

dies früher (ungeduldig) selber gehandhabt habe, würde ich heute einem jungen Kollegen oder einer jungen Kollegin den Rat geben: Keine Hektik bei der Suche nach einem geeigneten Verlag.

Bei der Auswahl des Verlages sollte man schließlich auch Erfahrungen anderer Autoren zu Rate ziehen. Die Mund-zu-Mund-Propaganda kann schließlich diesbezüglich positive oder negative Informationen vermitteln. Als mir ein Autor vor nicht allzu langer Zeit ein von ihm verfasstes Buch zum Thema ‚Gerechtigkeit‘[10] übersandte, war ich nicht nur von dessen Inhalt sehr angetan, sondern auch von der äußeren Aufmachung des Buches. Ich fragte den Autor nach seinen Erfahrungen mit jenem Verlag. Die Antwort fiel positiv aus („unkompliziert, reibungslos, verständnisvoll") und so bot ich deshalb ein gerade fertiggestelltes Manuskript dem so gelobten Verlag an, ein Angebot, das der Verlag nach einem aus der Sicht des Autors angenehmen Gespräch annahm.

Es geschieht allerdings nicht selten, dass die ursprüngliche Begeisterung des Autors für seinen Verlag mit der Zeit nicht zunimmt sondern abnimmt. Aus dem erotischen Beieinander und Auseinander von Mann und Frau kennt man den Spruch: „Nichts ist kälter als eine erloschene Liebe." Ob diese Erfahrung auch für die Beziehung zwischen Autor und Verlag gilt, mag hier dahingestellt bleiben. Jedenfalls

---

ten indiziert werden konnte, meinte der damalige Bundesverfassungsrichter und Kultusminister a.D. *Erwin Stein*, bei der vorzunehmenden Prüfung sei neben der Form (Sprache, Darstellung und Stil) „auch die Aufmachung und die Art der Verbreitung in einem seriösen Verlag und dem guten Buchhandel in Betracht zu ziehen" (Anm. zum Bescheid des OVG Münster v. 18.11.1958, JZ 1959, S. 716 ff., auf S. 720 ff. [723]).

[10] *Günter Herrmann*, Gerechtigkeit, Berlin 2012.

sind Verlagswechsel von wissenschaftlichen Autoren (wie auch von Autoren in der Belletristik) nichts Ungewöhnliches. Matthias Horz stellt dazu in seinem Buch über Verlagsverträge zutreffend fest: „Für Wissenschaftler ist die Wahl des Verlages besonders wichtig, da das wissenschaftliche Renommee der Verlage sich sehr unterscheidet. Umsatz und Verbreitungsmöglichkeit des Werkes stehen damit in unmittelbarem Zusammenhang. Trotzdem identifizieren sich Wissenschaftler nicht unbedingt mit nur einem Verlag. Nach Auskunft des Hochschulverbandes ist es nicht ungewöhnlich, dass sie ihre Werke in verschiedenen Verlagen veröffentlichen."[11]

Der seinen bisherigen Verlag verlassende Autor hält es in diesem Fall nicht mit Friedrich von Schiller in der ‚Braut von Messina': „Ein jeder Wechsel schreckt den Glücklichen."[12] Der Wechsler denkt: Neues Spiel, neues Glück – vermutlich auch mehr Geld. André Schiffrin, „eine der großen Figuren des internationalen Verlagswesens" (Formulierung im Klappentext), rügt vielleicht etwas übertreibend: „Der stillschweigende Pakt zwischen Autor und Verlag, demzufolge der Autor dem Haus, das seine Bücher bislang verlegt hat, die Treue zu halten, ist längst aufgekündigt – heute wird jedes Buch an den Meistbietenden versteigert."[13]

---

[11] *Matthias Horz* (Anm. 6), S. 84, auch mit dem Zusatz: „Aus diesem Grunde nehmen sie die Rechte an früheren Werken auch nicht mit, wenn sie mit einem Werk den Verlag wechseln."

[12] Don Manuel, in „Die Braut von Messina", I/7. – Schiller selbst wechselte aber bekanntlich von seinem Verleger Göschen zu Cotta; s. dazu *Siegfried Unseld,* Der Autor und sein Verleger, Frankfurt a. M., 1985, S. 145/146.

[13] *André Schiffrin,* Verlage ohne Verleger. Über die Zukunft der Bücher, Berlin 2001, S. 73.

Dem Verleger wird dagegen der Wechsel eines seiner Autoren, vor allem wenn es sich um einen Erfolgsautor handelt, einen nicht geringen Schrecken einjagen. Aus dem Briefwechsel von Siegfried Unseld und Peter Handke lässt sich entnehmen, wie enttäuscht und verärgert der Verleger Unseld war, wenn er erfuhr, dass sein Autor Handke ein Manuskript nicht dem Suhrkamp-Verlag, sondern dem Residenz-Verlag in Salzburg angeboten hatte.[14] Als Thomas Brasch nach seiner zusammen mit der Schauspielerin Katharina Thalbach erfolgten Ausreise aus Ost-Berlin in den Westen vom Rotbuch-Verlag zu Suhrkamp wechselte, war Friedrich C. Delius nicht nur enttäuscht sondern geschockt: „Wir hatten Brasch und Thalbach zur beschleunigten Ausreise verholfen, und während unser ganzer Verlag daran arbeitete, ihm einen optimalen Start im Westen zu ermöglichen, hatte er nichts Eiligeres zu tun, als sich an den größeren und reicheren Verlag zu verkaufen, überdies mit einem bei uns geplanten Manuskript (Grundlage für ‚Kargo‘, 1977). Das war mehr als einer der üblichen Verlagswechsel, das haben wir als Verrat empfunden."[15]

Eine andere Konstellation bedeutet der Eigentümerwechsel eines Verlages: „Durch Änderungen der Eigentums- und Programmstruktur eines Verlages kann sich dessen Identität

---

[14] Peter Handke / Siegfried Unseld, Der Briefwechsel. Hrsg. v. *Raimund Fellinger* und *Katharina Pektor*, Berlin 2012, S. 318/319. Zu einem „vertraglich vereinbarten Seitensprung" von Hermann Hesse vom S. Fischer Verlag zum Langen Verlag s. *Siegfried Unseld*, (Anm. 12), S. 81.

[15] *Friedrich Christian Delius*, Als die Bücher noch geholfen haben, Berlin 2012, S. 266, mit dem versöhnlichen Zusatz: „Wenn es in meiner Generation ein Genie gibt, sagte ich mir, dann ist er das, Genies werden schnell zu Verrätern, sie können nichts dafür, nimm's nicht persönlich" (S. 267).

so verändern, dass die ideellen und finanziellen Interessen des Autors gefährdet sind."[16] Die Unruhe unter Autoren des Suhrkamp-Verlages im Zusammenhang mit den juristischen Auseinandersetzungen um die Zukunft des Verlages mag als Beispiel für diesbezügliche Sorgen gelten. Dagegen wechselte aus einem anderen Grund Martin Walser nach einem fast fünfzigjährigen Jubiläum den Verlag: Er verließ Suhrkamp und ging zu Rowohlt, vor allem deshalb, weil der Suhrkamp Verlag im Zusammenhang mit der Kritik an seiner Paulskirchenrede 1998 und dem Erscheinen seines Buches ‚Tod eines Kritikers' nicht loyal zu ihm gestanden habe.[17]

---

[16] *Matthias Horz* (Anm. 6), S. 82/83. – Ausführlich dazu: *Eike Ullmann,* Die Stellung des Autors bei Veräußerung des Verlagsunternehmens, in: Staatsrecht und Politik, Festschrift für Roman Herzog, München 2009, S. 413 ff.

[17] Siehe dazu die Notizen Walsers Reim in: FAZ Nr. 41 v. 18.2.2004, S. 33, und Suhrkamps Rechte, in: FAZ Nr. 51 v. 1.3.2004, S. 33.

3. Der Verlagsvertrag:
Formular oder Diktat?

Die Entscheidung des Autors für den einen und gegen einen anderen Verlag hängt natürlich auch und ganz besonders von den Konditionen ab, unter denen Verleger und Autor bereit sind, über das in Rede stehende Buch eine vertragliche Bindung einzugehen. Von dem englischen Autor Alan P. Herbert stammt die Aussage: „Es muß hier deutlich gesagt werden, daß ein Schriftsteller als solcher keine Rechte hat. Er rangiert im Englischen Recht traditionell auf der gleichen Stufe wie Ehefrauen und Haustiere.“[1] Ganz so dramatisch-traurig ist die Situation für einen Autor in Deutschland nicht; aber beim Thema Verlagsvertrag muss man sich schon darüber im Klaren sein, dass zwischen dem Autor und seinem Verlag in den meisten Fällen ein wirtschaftliches Ungleichgewicht zu Lasten des Autors besteht.

Die Waage mag allenfalls dann zu Gunsten des Autors ausschlagen, wenn es sich um einen berühmten Erfolgsautor handelt, dessen Werke für den wirtschaftlichen Erfolg des Verlagsgeschäftes in hohem Maße relevant sind. Der Normalfall liegt aber anders, dies schon deshalb, weil der Markt zwischen den Marktteilnehmern, also zwischen Autor und Verlag, nicht wirklich funktioniert: Das Angebot an Publikationen ist – sofern es sich nicht um ein hoch-

---

[1] *Alan P. Herbert,* Rechtsfälle – Linksfälle. Eine Auswahl juristischer Phantasien. Ins Deutsche übertragen und rechtsvergleichend erläutert von Konrad Zweigert und Peter Dopffel, 4. Aufl., Göttingen 1984, S. 37.

spezialisiertes Marktsegment handelt – größer als die Nachfrage danach. Eine Verlagsinformation besagt, es werde „nur etwa jedes 200. bei Verlagen eingereichte Manuskript veröffentlicht."[2] Selbst ein relativ hoher Bekanntheitsgrad eines Autors ist kein Indiz oder gar eine Garantie für ein gutes Einkommen; denn „vermutlich gibt es kaum einen zweiten Beruf, in dem der Bekanntheitsgrad und das Einkommen so immens auseinanderklaffen können wie im Schriftstellergewerbe. Berühmtheit ist hier keineswegs ein Garant für ordentliche Einkünfte."[3] Finanzielle Armut war, wie die Geschichte der Literatur zeigt, auf Seiten der Autoren in nicht wenigen Fällen deren ständiger Begleiter. Eine an den Verleger geäußerte Bitte um einen Vorschuss war nicht selten. Theodor Fontane, dessen Roman ,Effi Briest' rund 100 Jahre nach seinem Tode mehrmals verfilmt und damit zu einem Riesengeschäft der Filmproduzenten und Filmverleiher wurde, schrieb an seinen Verleger Wilhelm Hertz am 15. März 1866: „Leider verfehlte ich Sie heute Mittag; ich hatte 2erlei auf dem Herzen. Das eine bezieht sich auf die Geld- resp.: Vorschußfrage. Paßt es Ihnen, wenn ich alle Vierteljahr (Ostern, Johanni etc.) um 100 rtl. [= Reichstaler, d. Verf.] bitte? Da ich auf 2 Jahre Arbeit rechne, so würde dadurch der Vorschuß-Prozentsatz, den Sie freundlichst bewilligten, vielleicht um 100 rtl. überschritten; doch denk' ich mir, daß es Ihnen darauf auch so sehr nicht ankommen wird. Wichtiger ist wohl das, daß sich

---

[2] Information: Über tredition. www.tredition.de
[3] *Hubert Spiegel/Fabian Unternährer*, Der Tag, an dem die Aare stillstand. E. Y. Meyer hat endlich einen neuen Roman geschrieben. Eine denkwürdige Begegnung mit dem herausragenden Schweizer Autor in Bern, in: Die Weltwoche Nr. 32.12, S. 52 ff. (53).

meine Frau zu Rückzahlung verpflichtet, für den Fall, daß ich drüber hinsterbe."[4]

Wissenschaftliche Autoren nagen heute, jedenfalls in Deutschland, in der Regel nicht am Hungertuch, zumal viele von ihnen – vielleicht sogar die meisten – im Öffentlichen Dienst[5] oder in Zeitungs- oder Rundfunkredaktionen beschäftigt sind. Eine Zahlung von Vorschüssen der Verlage an ihre wissenschaftlichen Autoren ist, zumindest im Bereich der Geisteswissenschaften, nicht üblich, sondern existiert – wenn überhaupt – nur in Ausnahmefällen. Stattdessen lässt sich leider sagen: Umgekehrt wird ein Schuh d'raus; denn nicht selten muss der wissenschaftliche Autor an seinen Verlag einen Vorschuss in Form eines sogenannten Druckkostenzuschusses oder in Form einer sogenannten Abnahmegarantie oder durch Verzicht auf die Honorierung der 1. Auflage oder eines Teils derselben leisten. Diese Verlagspraxis trifft vor allem junge Wissenschaftler, die – frisch promoviert und noch nicht im Erwerbsleben stehend – ihre Dissertation in einem Verlag veröffentlicht sehen möchten. Sind die sich aus dem Verlagsvertrag ergebenden finan-

---

[4] Zit. nach: *Theodor Fontane*, Vor dem Sturm. Roman aus dem Winter 1812 auf 13. Mit einem Nachwort herausgegeben von Helmuth Nünberger, 4. Aufl. München 2011. Briefliche Zeugnisse zur Entstehungs- und Wirkungsgeschichte S. 739 ff. (740); s. auch den Brief an Bernhard von Lepel vom 11. Dezember 1868: „Wenn mir ein Privatmann 1000 rth. geben wollte, würd' ich sie ohne Weiteres nehmen und meinen Roman mit Lust und Liebe fertig schreiben" (S. 743).

[5] Außer den an staatlichen Hochschulen beschäftigten Wissenschaftlern kommen z. B. in der Jurisprudenz Ministerialbeamte (nicht unproblematisch: sog. Referentenkommentare) und Richter in Betracht. Ein Richter an einem obersten Bundesgericht schrieb mir: „Nachdem ich wegen einer Publikation, die ich neben meinem Hauptberuf durchziehen wollte – was nicht immer einfach ist –, völlig ,versunken' war …"

ziellen Verpflichtungen für den jungen Autor drückend, so
muss er sich mit der Moritat aus der ‚Fledermaus' trösten:
„Glücklich ist, wer vergisst, was nun nicht zu ändern ist."
Glücklicher aber ist der Autor, der einen Verlagsvertrag
mit für ihn befriedigenden Konditionen abschließen kann.

Ein Verlagsvertrag – was ist das? Ein Autor, eigentlich
ein nicht ganz erfolgloser (ich würde ihn zu den ‚oberen
Zehntausend' unter den Juristen zählen), antwortete auf
meine diesbezügliche Frage: „Ein Sklavenvertrag". Da ich
kein Rechtshistoriker bin, ist mir nicht bekannt, ob Sklaven
im Verhältnis zu ihren Herren überhaupt vertragsfähig
waren. Jedenfalls ist klar, dass nach geltendem Recht in
Deutschland der Verlagsvertrag eigentlich nur ein Vertrag
über ein Werk sein kann, jedenfalls kein Ehevertrag. Juristisch präzise ist die Beschreibung: „Der Verlagsvertrag ist
ein im Verlagsgesetz geregelter eigenständiger Vertrag, ge-
kennzeichnet durch die zusätzliche Verpflichtung des Verlegers zur Vervielfältigung und Verbreitung des Werkes."[6]
Obgleich jedes Jahr Tausende von Verlagsverträgen abgeschlossen werden, ist diese Rechtsfigur erstaunlicherweise
bisher nur relativ selten Gegenstand juristischer Monographien gewesen, wohl aber von Beiträgen in Kommenta-
ren und Lehrbüchern[7] und von Abhandlungen in periodischen Veröffentlichungen.[8] Immerhin liegt mit der bereits

---

[6] *Palandt*, Bürgerliches Gesetzbuch, 72. Aufl. München 2013, Einf.
zu § 631 Rn. 15 (*Hartwig Sprau*).

[7] So z. B. *Haimo Schack*, Urheber- und Urhebervertragsrecht, 7. Aufl.
Tübingen 2013.

[8] So z. B. *Wolfgang Lent*, Urhebervertragsrecht: Was regelt ein Auto-
renvertrag? In: JURAcon-Jahrbuch 2012/2013, S. 74 ff.; *Rainer Dresen*,
Rechte und Pflichten. Autorenvertrag. Der Autor und sein Verlag – eine
Bindung fürs Leben? Antworten auf Fragen nach Rückforderungs- und
Optionsrechten, in: Börsenblatt 11 – 2004, S. 26 f.

erwähnten Dissertation von Matthias Horz ‚Gestaltung und Durchführung von Buchverlagsverträgen. Am Beispiel der Literaturübersetzung, Belletristik und Wissenschaft' eine Untersuchung vor, die erfreulicherweise intensiv auch Ergebnisse von Rechtstatsachenforschung verarbeitet hat. Die Rechtstatsachenforschung zeigt, dass das Urhebergesetz und das Verlagsgesetz sowie die sogenannten ‚Normverträge' als Rahmen zwar das Verhältnis des Autors zum Verlag rechtlich regeln,[9] in der Praxis aber schon wegen des Grundsatzes der Vertragsfreiheit zumeist keine erhebliche Rolle spielen. Persönliche Verhältnisse sind in den meisten Fällen wichtiger als juristische Konstruktionen. Zutreffend ist deshalb die Feststellung: „Nicht nur Gesetz und Vertrag bestimmen die Beziehung zwischen Autoren und ihren Verlagen, sondern auch vielfältige außervertragliche Einflüsse. Diese haben ihre Ursachen in wirtschaftlichen, sozialen und persönlichen Verhältnissen der Vertragsparteien und können, obwohl sie an sich nicht juristischer Natur sind, den Inhalt der später geschlossenen oder zu schließenden Verlagsverträge und deren Durchführung wesentlich mitbestimmen."[10]

Juristischer Kleinkram soll sich nicht zwischen Autor und Verlag drängen. Dem entspricht auch die Beobachtung: „Bemerkenswert ist die geringe Inanspruchnahme der Ge-

---

[9] Zutreffend *Matthias Horz*, Gestaltung und Durchführung von Buchverlagsverträgen. Am Beispiel der Literaturübersetzung, Belletristik und Wissenschaft, Berlin 2005., S. 21: „Die rechtliche Beziehung zwischen einem Autor und seinem Verlag werden von der Vertragsfreiheit beherrscht, begrenzt durch die teils zwingenden, im Wesentlichen aber dispositiven Vorschriften des Verlags- und Urhebergesetzes." Die sog. Normverträge sind Vertragsmuster, in denen die anzustrebenden Vertragsinhalte niedergelegt sind (S. 22).

[10] *Matthias Horz* (Anm. 9), S. 20.

richte. Doch entspricht dem ‚Mangel' an Gerichtsverfahren
nicht ein Fehlen von Konflikten. Es gibt hingegen andere
Gründe, die die Parteien vom Gang vor die Gerichte ab-
halten. Die vorliegende Untersuchung lässt darauf schließen, dass der Wunsch nach Fortsetzung der dauerhaften
und einvernehmlichen Vertragsbeziehung bei beiden Vertragspartnern ein rechtliches Vorgehen im strengen Sinne
verhindert, dass aber auch die wirtschaftliche Abhängigkeit auf Seiten vieler Autoren diese zum Nachgeben bei
widersprüchlichen Interessen zwingt.“[11] Zwischen belletristischen Autoren und Wissenschaftlern als Autoren scheint
insoweit kein Unterschied zu bestehen: „Ganz allgemein ist
feststellbar, dass belletristische Autoren und Wissenschaftler auf geisteswissenschaftlichem Gebiet oft den gedank-
lichen Weg scheuen, der bei der Durchsetzung von eigenen
Rechten gegangen werden muss.“[12]

Es gibt aber auch Autoren – möglicherweise im Felde der
Belletristik mehr als in dem der Wissenschaft – die mehr
als einmal Rechtsanwälte gegen Verlage bemühen. Joachim
Seyppel kann dafür als Beispiel genannt werden, wie sich
aus einem Brief von ihm vom 17. Dezember 1994 an den
Verfasser ergibt: „… Ihr Namenszug ließ mich darüber
nachdenken, ob Sie nicht eventuell einen GUTEN Urheber-
rechtsexperten wüßten, der mir helfen könnte. In Berlin
die Sozietät von Prof. Nordemann ist natürlich erstklassig
(Nordemann gewann 2 Prozesse für mich, gegen Blanvalet

---

[11] *Matthias Horz* (Anm. 9), S. 20.
[12] *Matthias Horz* (Anm. 9), S. 127, unter der Überschrift „Thematisie-
rungsschwellen und Mobilisierungsbarrieren“; s. auch S. 128: „Häufig
fürchten Autoren das Risiko, das mit der Rechtdurchsetzung verbunden sein könnte. Sie scheuen die Kosten der Rechtsberatung und eines
möglichen darauf folgenden Rechtsstreites …“

u. Rowohlt), aber der führt gerade schon einen Prozeß für mich, und er könnte denken, ich wäre ein Prozeßhänsl. Der Aufbau Verlag Berlin (gekauft vom Immobilienhai Lunkemann von der Treuhand, einst war er Ultralinker) bat mich vor langem um ein Manuskript. Ein zweites kriegte er hinzu. Nun will er plötzlich von nichts mehr wissen. Ist ein mündlich abgeschlossener Vertrag ein Vertrag? ..."

Wer von Verträgen spricht, kennt den Grundsatz „pacta sunt servanda": Verträge sind, sofern sie nicht gesetzes- oder sittenwidrig sind, von allen Vertragspartnern einzuhalten.[13] Es gibt keine verlässlichen Angaben darüber, ob Verlagsverträge öfter von den Verlagen als von den Autoren gebrochen werden oder umgekehrt. Im Einzelfall lässt sich auch nicht immer einfach feststellen, ob eine Vertragsverletzung tatsächlich vorliegt oder nicht. Wenn zum Beispiel der Verlagsvertrag üblicherweise die Verpflichtung des Verlegers enthält, das Werk zu vervielfältigen, zu verbreiten und dafür zu werben, wird der Autor, wenn ihm – wiederum üblicherweise – die Werbemaßnahmen des Verlages als nicht ausreichend erscheinen, mit einer Klage vor Gericht kaum Erfolg haben; denn: „Die Autoren selbst haben keine rechtliche Handhabe, den Verlag zu bestimmten Werbetätigkeiten zu zwingen. Maßnahmen, die selbstverständlich der Vorbereitung des Vertriebes dienen, werden von Ver-

---

[13] Rechtlich unhaltbar ist deshalb die von John Willinsky (Stanford University) in einem Vortrag an der Graduiertenakademie in Heidelberg vertretene Ansicht, „die rechtlichen Restriktionen eines Verlagsvertrags könne man ganz einfach umschiffen, indem man als Autor nicht die Druckdatei, sondern das durch ‚peer review' abgesegnete ‚letzte Manuskript' vor der ‚typographischen Gestaltung durch den Verlag' online stelle", zit. bei *Janina Reibold*, Bücher? Dass er nicht lacht. Ein kalifornischer Beratungsvortrag in Heidelberg, in: FAZ Nr. 254 v. 31.10.2012, S. N 3.

lagen gern als Werbemaßnahmen dargestellt."[14] Wenn allerdings gesagt wird, dass über die übliche Ankündigung des Werkes hinausgehende Tätigkeiten für die Werbung „im Ermessen des Verlages" stehen,[15] so darf jedenfalls – sofern eine vertragliche Verpflichtung zu Werbung im Verlagsvertrag enthalten ist – auf Seiten des Verlages keine Ermessensreduzierung auf null stattfinden. Das Problem mag etwas dadurch entschärft werden, dass der Verlag selber ja auch ein Interesse an erfolgreicher Werbung für das Werk hat. Nur: Werbung kostet Geld – und zwar den Verlag, nicht den Autor, so dass unterschiedliche Auffassungen zwischen Verlag und Autor über das sinnvolle Ausmaß an Werbung nicht ungewöhnlich sind.

Es kann auch vorkommen, dass ein Autor den Verdacht hat, der Verlag erfülle seine Vergütungspflicht nicht korrekt. Wie kann der Verdacht auf Richtigkeit oder Unrichtigkeit hin geklärt werden? Eine diesbezügliche vertragliche Regelung lautet: „Der Verfasser ist nicht zur Einsichtnahme in die Bücher des Verlegers befugt, er kann aber bei aufgetretenen Meinungsdifferenzen für die Abrechnung verlangen, dass die Angaben des Verlegers über den Absatz des Werkes durch Bescheinigung eines vereidigten Bücherrevisors oder eines Sachverständigen glaubhaft gemacht werden." Nach einem so gestellten Verlangen dürfte allerdings das Tischtuch zwischen Autor und Verleger zerschnitten sein. Es ist

---

[14] *Matthias Horz* (Anm. 9), S. 74, auch mit der Information: „Ankündigungen bei Vertragsschluss über besondere Bemühungen hinsichtlich der Werbung führten bei vielen Autoren wissenschaftlicher oder belletristischer Werke zu Missverständnissen und falschen Erwartungen hinsichtlich des Werbeumfangs mit der Folge von Beschwerden und Anfragen bei der Rechtsberatung und bei Agenturen."

[15] *Matthias Horz* (Anm. 9), S. 73.

deshalb verständlich, wenn die Rechtstatsachenforschung
dazu zu dem Ergebnis gelangt: „Fast nie wurde die End-
abrechnung durch Einschaltung eines Anwalts eingefordert
oder überprüft. Die Autoren wollen durch Kontrollen das
Vertrauensverhältnis zu dem Verlag nicht stören. Das zu-
rücktretende wirtschaftliche Interesse der Verfasser be-
wirkt, dass sie die Richtigkeit der Abrechnung ohne weiteres
akzeptieren."[16]

Eine nahezu normale Nichteinhaltung einer verlagsrecht-
lichen Verpflichtung betrifft die in dem Verlagsvertrag fest-
gesetzte Frist für die Manuskriptabgabe. Ein Verlagsvertrag
ist schnell unterschrieben – ein Manuskript ist nicht schnell
geschrieben. Ein letztes Mal sei hier auf die Ergebnisse
der Rechtstatsachenforschung verwiesen: „In den Verlagsverträgen ist immer eine Frist für die Manuskriptabgabe
vorgesehen. Überschreitungen dieser Frist werden nach
Auskunft des Börsenvereins meist ‚flexibel gehandhabt'.
Nachträgliche Änderungen der Verhältnisse, persönliche
Umstände oder berufliche Überlastung des Verfassers hatten regelmäßig keine nachteiligen Konsequenzen."[17] Und –
noch konkreter – ist die Aussage: „Bei wissenschaftlichen
Werken sind Fristüberschreitungen sozusagen üblich. Von
den beim Hochschulverband eingegangenen Anfragen war
in jedem 10. Fall die Abgabefrist nicht eingehalten worden.
Fristüberschreitungen liegen bei wissenschaftlichen Werken
nahe wegen des schwer voraussehbaren Forschungsauf-
wandes, haben aber üblicherweise keine negativen rechtlichen Konsequenzen ... Nur ausnahmsweise versuchte ein
Verlag, sich aufgrund von Verfristungen vom Vertrag zu

---

[16] *Matthias Horz* (Anm. 9), S. 92.
[17] *Matthias Horz* (Anm. 9), S. 67.

lösen oder über Vertragsklauseln neu zu verhandeln, um
so bessere Konditionen für den Verlag auszuhandeln."[18]
Liegen also keine speziellen rechtlichen Gebote für eine
fristgerechte Ablieferung des Manuskriptes im Sinne eines
terminlich gebundenen sogenannten Fixgeschäftes vor, so
sind Vertragsklauseln betreffend die Frist für die Abgabe
des Manuskriptes mehr als Rahmen denn als Guillotine zu
verstehen, juristisch präziser: mehr als Soll-Vorschrift denn
als Muss-Vorschrift.

Das Verhältnis zwischen Autor und Verlag ist aber nicht
nur ein Rechtsverhältnis im Sinne einer Festlegung von
Rechten und Pflichten. Zutreffend ist deshalb der Hinweis
von Peter Lerche: „Das im Gehäuse der Vertragsbezie-
hungen gehegte Vertrauensverhältnis muß freilich immer
wieder von den Beteiligten eingefangen werden, denn es
will weithin der Rechtsordnung entlaufen, ist eben kein nur
rechtliches Verhältnis. So mag mancher Autor seinen Verleger bisweilen daran erinnern wollen, daß es auch so etwas
gibt wie ein nobile officium, und mancher Verleger mag sich
wünschen, wenigstens einmal einen Autor zu treffen, der
sein Manuskript fristgerecht abliefert."[19]

Der Autor liefert also nicht rechtzeitig, der Verlag drängt.
Ein kluger Lektor wird behutsam mahnen. *„C'est le ton qui
fait la musique"*, lautet eine französische Lebensweisheit.
Es kann aber auch vorkommen, dass der Lektor dem Autor

---

[18] *Matthias Horz* (Anm. 9), S. 68, auch mit dem Hinweis, dass in
Verlagsverträgen über wissenschaftliche Werke Rechtsfolgen einer
Fristüberschreitung in der Regel nicht ausdrücklich erwähnt werden;
anzuwenden wäre dann § 30 Verlagsgesetz mit dem darin enthaltenen
Rücktrittsrecht bei Fristüberschreitungen (S. 109).
[19] *Peter Lerche*, Die Funktion des juristischen Verlegers in der
Rechtsordnung, in: NJW 1985, S. 1604 ff. (1606).

gehörig ‚den Marsch bläst', also auf die Pauke haut. Entsprechende Verlagsschreiben an den Autor eines Lehrbuches
lauten beispielsweise: „Wie ich Ihnen schon vor Wochen
mitgeteilt habe, ist Band 1 seit längerem vergriffen. Leider
haben Sie mir das Manuskript zur erforderlichen 5. Auflage nicht zugesandt, obwohl ich Sie schon seit längerem
darum gebeten habe. Ich konnte auch telefonisch nicht
bei Ihnen in Erfahrung bringen, bis wann das Manuskript
bei mir eingehen wird, da ich Sie bislang nicht am Telefon
sprechen konnte [der Autor ging offensichtlich auf Tauch-
station, d. Verf.]. Ich bitte Sie nun eindringlichst, mir das
Manuskript bis zum 15. August zuzusenden, damit ich unmittelbar nach Rückkehr aus dem Urlaub mit dem Satz der
5. Auflage beginnen kann!" Auch das Manuskript zu Band 2
traf nicht fristgerecht beim Verlag ein, was dieser so kommentierte: „Leider haben Sie mir bislang noch keinen be-
vorstehenden Abschluß Ihrer Arbeiten am Manuskript des
Bandes 2 gemeldet und mir auch noch nicht die Probedis-
kette zugesandt, damit wir überprüfen können, wie weit das
Herstellungsverfahren beschleunigt werden kann. Ich gehe
davon aus, daß Sie die vorlesungsfreie Zeit nutzen und am
Manuskript weiterarbeiten werden, daß wir im September,
wenn ich Sie in Hamburg aufsuchen werde, einen Terminplan für das Herstellungsverfahren aufstellen können." Und
wie antwortet der geplagte Autor, schlechten Gewissens,
dem Lektor? „Lieber Herr …, ich muß Ihnen leider die be-
trübliche Mitteilung machen, daß das Manuskript für den
Band 2 nicht mehr vor meiner Abreise nach Kalifornien
fertiggeworden ist. Ich bedaure dies selbst am allermeisten.
Ich habe leider große Probleme gehabt: vollständiger Wechsel des Assistententeams, usw., usw. Mein einziger Trost
ist, daß wir nun noch alles Neue – Kruzifix-Entscheidung!

etc. – berücksichtigen können. Weil mich die Arbeit fast
erdrückt hat, habe ich nun andere Belastungen aufgegeben.
Sobald ich aus den USA zurück bin (23. Oktober), melde
ich mich. Wir sollten dann den Terminplan durchsprechen.
Das Buch sollte unbedingt zu Beginn des Sommersemesters
vorliegen." Ist das Buch schließlich und endlich erschienen,
so wird der Autor oder Herausgeber die Arbeit des Lektors
und der anderen daran beteiligten Mitarbeiter des Verlages
anerkennen; der Brief kann mit den Worten schließen: „Vor
allem danke ich Ihnen und den oben Genannten für Ihre
große Geduld mit einem ungeduldigen Autor und für viel
Nachsicht bei leider vielen Terminüberschreitungen."

Liefert ein Autor nicht, so kann der Verlag nach Fristset-
zung den Verlagsvertrag kündigen. Jedoch wird der Verlag zu diesem Mittel nur ungern greifen, jedenfalls dann,
wenn es sich um ein wissenschaftliches Werk handelt, das
womöglich schon in einer Vorschau angekündigt ist. Die
Rollen zwischen dem Autor als David und dem Verlag als
Goliath drehen sich in dieser Konstellation um: Der Verlag
wird zum Bittsteller. Die Verlegenheit, in welcher der Verlag
sich hier befindet, ist, dass der störrische (oder vielleicht
einfach überforderte) Autor genauso wenig wie ein Künstler
auf Fertigstellung des Werkes mit Aussicht auf Erfolg ver-
klagt werden kann.[20]

Nicht nur für den Verleger sondern auch für andere
Autoren ist es ärgerlich, wenn einer von mehreren Autoren eines Gemeinschaftswerkes mit der Ablieferung seines

---

[20] Als der bekannte Künstler Alfred Hrdlicka das bei ihm von der
Stadt Hamburg in Auftrag gegebene sog. Gegendenkmal zum Gefallen-
endenkmal nicht fertigstellte, antwortete der damalige Kultursenator
auf entsprechende Vorhaltungen in der Öffentlichkeit, er könne den
Künstler doch nicht auf Fertigstellung des Denkmals verklagen.

Werkes in Verzug gerät, dies insbesondere dann, wenn die anderen Autoren ihre Manuskripte bereits vor längerer Zeit abgeliefert haben. Ein solches, insoweit auch unkollegiales Verhalten ist kein Beitrag zu dem, was heute als gute Wissenschaft bezeichnet wird.[21] Zwischen den Fronten steht in einem solchen Fall auch der Herausgeber des Gemeinschaftswerkes, der einerseits gegenüber dem säumigen Kollegen nicht zu hart auftreten möchte, andererseits aber die Interessen des Verlages und der anderen Mit-Autoren angemessen vertreten muss. Hier den richtigen Mittelweg zu finden, ist erfahrungsgemäß nicht immer leicht. Ist schließlich das letzte längst überfällige Manuskript eingetroffen und konnte endlich das Gemeinschaftswerk trotz jener Verzögerung erscheinen, so wird dem Herausgeber ein Stein vom Herzen fallen. Der Herausgeber wird sich bei den Autoren für ihre Mitarbeit bedanken und in dem Dankbrief den Grund für die Verzögerung des Erscheinens andeuten: „Die Geschichte dieser Auflage war lang, beschwerlich und in manchem auch ärgerlich, vor allem für diejenigen unter ihnen, welche ihre Arbeit annähernd vorhersagegerecht erledigt haben, aber gerade durch solche Verlässlichkeit Lasten ertragen mussten."[22]

Eine neuere Entwicklung resultiert aus den Neuerungen der Drucktechnik. Während der oben erwähnte Theodor Fontane seine Manuskripte noch als Manuskripte im wahren Sinne des Wortes, also handgeschrieben, bei seinem Verleger ablieferte, erwarten Verlage nun schon seit einigen Jahren eine Ablieferung auf Datenträgern in elektronischer

---

[21] Siehe dazu *Ingo von Münch*, Gute Wissenschaft, Berlin 2012, S. 134 ff.

[22] Zitat aus einem Herausgeberschreiben an die Autoren eines Kommentars zum Grundgesetz.

Fassung, wobei genaue Formatierungsanweisungen seitens
der Verlage gegeben werden. Nicht wenige Autoren be-
klagen sich darüber, dass die Formatierungstätigkeit früher
Sache der Verlage gewesen sei, während nunmehr erwartet
werde, dass der Verfasser von wissenschaftlichen Werken
sich mit Problemen der Software befassen müsse.[23]

---

[23] *Matthias Horz* (Anm. 9), S. 75.

4. Die Ablieferung des Manuskripts: Postsendung oder Zeremonie?

Ein ordentlicher Verlagsvertrag regelt neben anderem die ordentliche Ablieferung des Manuskriptes, etwa – um ein beliebiges Beispiel zu nennen – so: „§ 6. Der Verfasser übergibt dem Verlag das druckfertige, mit genauen Anweisungen für gewünschte Hervorhebungen versehene Manuskript sowie Datenträger, auf denen der Text der Arbeit gespeichert ist. Hierbei sind die Richtlinien des Verlages (‚Allgemeine Hinweise für die Autoren‘) zu berücksichtigen. Manuskript- und Datenträgertext müssen absolut identisch sein." Also: „Der Verfasser übergibt" – aber wie? Von Hand zu Hand, in der einen Hand des Autors sein Manuskript, in seiner anderen vielleicht ein Blumenstrauß für die Gattin des Verlegers?

Solcherlei Romantik ist wohl heutzutage passé. Vorbei sind aber auch die Zeiten, in denen es vorkommen konnte, dass der Verleger höchstselbst sich zum Autor begab, um ein von diesem fertiggestelltes Manuskript abzuholen. Wenn dann noch der Autor und der Verleger aus diesem Anlass gemeinsam nackt baden, wird die Geschichte fast paradiesisch: sie handelt nicht von Adam und Eva, sondern von dem Schweizer Schriftsteller E. Y. Meyer und Siegfried Unseld: „Wie Max Frisch, Friedrich Dürrenmatt und Erica Pedretti schickte er [E. Y. Meyer, d. Verf.] seine Manuskripte nach Frankfurt am Main, an den damals so wichtigen Suhrkamp Verlag. Oder der Verleger Siegfried Unseld kam selbst

nach Bern gereist, um das neue Werk beim Autor abzuholen, vorzugsweise im Sommer. Dann fuhren der Autor und
sein Verleger mit dem Taxi in das Eichholz, sprangen aus
ihrer Kleidung, die sie beim Taxifahrer deponierten, und
ließen sich ins Wasser der Aare gleiten. Mit der Strömung
schwammen sie flussabwärts, drei, vier Kilometer weit, bis
sie bei Altenberg ausstiegen, wo der Taxichauffeur mit ihrer
Kleidung schon auf sie wartete. Dann gab es einen kleinen
Imbiss, und am Abend lud der Verleger auf der Terrasse des
‚Bellevue' zum Dinner."[1]

Nun – heute – haben Autor und Verlag je eine E-Mail-
Adresse. Die Schreibdame drückt auf eine Taste ihres Com-
puters und schon ist die Arbeit des Autors dem Verlag
übergeben. Das war nicht immer so: Vor Beginn des elektronischen Zeitalters geschah alles langsamer, aber eben auch
persönlicher. Über die Ablieferung von Kompositionen
und über das Aushandeln eines diesbezüglichen Verlagsvertrages in der Mitte des 19. Jahrhunderts wird berichtet:
„Am 2. November 1853 reiste Brahms ab. Er müsse nun
direkt nach Leipzig mit seinen Manuskripten; der Verlag
warte."[2] Der Verlag wartet – das allerdings geschah nicht

---

[1] *Hubert Spiegel/Fabian Unternährer*, Der Tag, an dem die Aare stillstand, in: Die Weltwoche Nr. 32. 12, S. 52 ff. (52). – Anspielung auf das
Schwimmen in der Aare in einem Brief von Handke an Unseld vom
20.11.1985: „Lieber Siegfried, zwar kann ich noch nicht sozusagen ‚in
der Aare schwimmen', aber die Kiesel höre ich schon manchmal rollen"
(*Peter Handke/Siegfried Unseld*, Der Briefwechsel, S. 496).

[2] *Johannes Kornemann*, Johannes Brahms, Hamburg 2006, S. 91, mit
Hinweis darauf, dass Brahms der Vertragsverhandlung mit dem Verlag
nicht frohgemut entgegensah: „Er halte es für besser, ‚fleißig fort zu
studieren', als seine ‚Sachen so praktisch wie möglich zu verhandeln.'
Den kommerziellen Teil der Kunst etwas angewidert abzuschieben aus
dem Empfinden, das war das angelesene romantische Künstlerideal."

nur in Bezug auf Werke von Johannes Brahms und nicht nur im Jahre 1853.

Es kann aber auch vorkommen, und dies ist gewiss kein seltener Fall, dass der Autor wartet, nämlich darauf, dass nun – wie er meint: endlich – das von ihm verfasste Manuskript in den Druck geht. Die Ungeduld ist verständlich und nachvollziehbar: Ein Wissenschaftler hat viel Zeit, vielleicht sogar mehrere Jahre, mit der Arbeit an einem Buchmanuskript verbracht. Der Torso, der nur langsam mehr und mehr Gestalt annahm, lastete auf dem Autor. Endlich ist das Manuskript fertig, mit oder ohne Mut zur Lücke: Nun aber schnell aus dem Haus und ab an den Verlag! Alfred Söllner, früherer Richter des Bundesverfassungsgerichts und Professor, mit dem ich – natürlich lange vor seiner Berufung nach Karlsruhe – gemeinsam die Examensbank in der mündlichen Ersten Juristischen Staatsprüfung gedrückt hatte, erzählte mir, dass er sich nach Fertigstellung des Manuskripts seines Arbeitsrechtslehrbuches in sein Auto gesetzt habe, um das Manuskript noch am selben Tage von seinem Universitätsort Gießen an den Verlagsort Stuttgart zu bringen. Danach sei alles nicht mehr ganz so verlaufen, wie er sich das vorgestellt habe (das besagte Buch landete später in einer Neuauflage bei einem Verlag in Baden-Baden).

Der Postkutsche wollte Söllner sein Buchmanuskript also nicht anvertrauen, vermutlich aber nicht aus Etikette, wie andererseits von Fritz J. Raddatz hinsichtlich der Ablieferung des Manuskriptes eines seiner Romane geschildert: „Heute Abend übergebe ich ‚Der Wolkentrinker‘ an Rowohlt – hatte, altmodisch, meinen Verleger zum Essen eingeladen; ein Roman-Manuskript – nur so mit der Post?"[3]

---

[3] *Fritz J. Raddatz*, 1982–2001. Tagebücher, Reinbek 2010, S. 175.

Vom ökonomischen Gewicht her müsste eigentlich der Verleger den Autor zum Essen einladen. In den meisten Fällen einer Manuskriptübergabe wird aber der Verleger nicht in die für ihn angenehme oder unangenehme Situation kommen, eine solche Einladung aussprechen zu sollen; dem steht schon der – jedenfalls bei großen Verlagen – häufige Eingang von Manuskripten entgegen, auch der mit dem Verlagsort meist nicht identische Wohnort des Verfassers, und schließlich das Faktum, dass die meisten Manuskripte heute – jedenfalls im Wissenschaftsbetrieb – nicht vom Autor persönlich im Verlag abgeliefert werden, sondern per E-Mail oder (fast schon altmodisch) „nur so mit der Post".

Mit der Post kommt regelmäßig eine Eingangsbestätigung des Verlages. Sofern es sich nur um den Empfang eines Aufsatzmanuskriptes für eine wissenschaftliche Zeitschrift handelt, schwingt deren Redaktion sich – verständlich wegen vieler Eingänge – nur zu einer vorgedruckten Postkarte auf. Handelt es sich dagegen um ein Buchmanuskript, so kann der Autor mehr erwarten. Für den Autor hilfreich ist es, wenn der Verlag, was oft, aber nicht immer geschieht, dem Autor einen Zeitplan hinsichtlich der verschiedenen Herstellungsschritte übermittelt, also zum Beispiel wann die Korrekturfahnen (‚Fahnenabzüge') versendet werden, bis wann diese wieder beim Verlag eintreffen sollten, wann der Autor mit dem Umbruch rechnen kann und wie weiter. Ein solcher Überblick erleichtert beiden Seiten die notwendigen diesbezüglichen Dispositionen.

Wenn hier von der Ablieferung und dem Eingang des Manuskripts die Rede ist, dann scheint damit gemeint zu sein, dass das ganze (also vollständige) Manuskript an den Verlag abgegangen ist. In der Praxis, jedenfalls in der Wissenschaft, ist dies aber längst nicht immer der Fall. Bei besonders umfangreichen Werken, insbesondere bei Gemeinschaftswerken mehrerer Autoren, sind Teillieferungen fast der Normalfall. Aber auch bei einem weniger umfangreichen Manuskript ‚aus einem Guss‘ liefert der Autor nicht immer den kompletten Erguss. Nachzügler sind beispielsweise nicht selten das Literaturverzeichnis und das Sachregister.

Das Ende vom Lied ist schließlich dann doch eine Postsendung, genauer eine Paketsendung. Es klingelt an der Haustür: Das Buch ist erschienen – die langersehnten Autorenexemplare (in der Sprache des Verlagsvertrages: „Freiexemplare zur geschenkweisen Weitergabe") sind da. Natürlich reicht die Zahl der Freiexemplare nie aus, um alle vom Autor dringend zu Berücksichtigenden mit diesem Geschenk zu versorgen. Aber dieses Manko ist nur ein kleiner Wermutstropfen. Für geringen Verdruss sorgt auch die erste (und vermutlich nicht die einzige) Entdeckung eines Druckfehlers; der Autor ärgert sich und tröstet sich damit, dass diese Tierchen offenbar unvermeidbar sind – Salz in der Suppe.

Über das Eigentum an dem Manuskript des erschienenen Buches schweigen Verlagsverträge sich häufig aus: Muss das Manuskript nach dessen Veröffentlichung dem Autor zurückgegeben werden? Die Antwort auf diese Frage ist allerdings heute in den meisten Fällen nicht wichtig. Sofern der Verlag dem Autor das Manuskript zwecks Abgleich mit den Korrekturfahnen ohnehin zurückschickt, hat die Frage sich von selbst erledigt. Darüber hinaus hat der Autor normalerweise kein gesteigertes Interesse daran, das Manuskript vom Verlag zurückzubekommen; eine Ausnahme mag dann greifen, wenn der Autor seinem Manuskript besondere handschriftliche Unterlagen, Zeichnungen oder

ähnliches beigefügt hatte, Anlagen also, an deren Rückerhalt
der Autor ein berechtigtes Interesse hat, wie beispielsweise
bei Materialien zu einer Arbeit über *Visual poetry*.[4]

Im Normalfall besitzt das heute maschinengeschriebene
oder gemalte Manuskript auch keinen besonderen Markt-
wert – dies im Unterschied zu Manuskripten aus früheren
Zeiten: Buchmanuskripte aus vergangenen Jahrhunderten,
soweit überhaupt noch vorhanden, erzielen auf Auktionen
nicht selten stattliche Preise oder gelangen in Archive wie
das Deutsche Literaturarchiv in Marbach oder in das der
Preußischen Staatsbibliothek in Berlin, zumindest dann,
wenn der Autor eine wichtige Figur der Geistesgeschichte
darstellt. Unabhängig von solchen Preiskalkulationen und
solchen Archivierungen erfüllt den heutigen Betrachter
alter handschriftlicher Manuskripte oder früherer maschi-
nengeschriebener, aber mit handschriftlichen Zusätzen ver-
sehener Typoskripte eine große Hochachtung gegenüber
den Menschen, die in den damaligen Druckereien jene
Handschriften entziffern und im Bleisatz setzen mussten:
Es war eine anspruchsvolle, große Konzentration und viel
Einfühlungsvermögen in den Text fordernde Arbeit. Friedrich Wilhelm Graf hat jene Qualifikation so beschrieben:
„Setzer mussten sehr gebildete, in Autographie, Grammatik
und fachspezifischer wissenschaftlicher Begrifflichkeit be-
schlagene Mitdenker sein, um oft schier unleserliche Blät-
ter – Troeltsch schrieb in der Papierknappheit der späten
Kriegsjahre auch auf der Rückseite von Todesanzeigen –
voller Geisteshieroglyphen in Fahnen zu verwandeln. De

---

[4] Beispiel einer solchen umfassenden Arbeit: *Klaus-Peter Dencker*,
Optische Poesie. Von den praehistorischen Schriftzeichen bis zu den
digitalen Experimenten der Gegenwart, Berlin/New York 2011.

facto hatten sie eine Art Lektorenamt besonderer Art, weil es akademisch gebildete Wissenschaftslektoren in den meisten deutschen Verlagen überhaupt erst nach 1945 gab."[5] Angesichts dieses Anforderungsprofils ist die Tatsache begreiflich, dass die Setzer innerhalb der Arbeiterschaft eine herausgehobene Stellung einnahmen.

Die elektronische Revolution frisst zwar nicht ihre Kinder, aber sie führt dazu, dass wertvolle Original-Manuskripte seltener werden. In der vor-elektronischen Zeit gab es einen Markt für solche Objekte. So hat das angesehene Auktionshaus Hauswedell & Nolte in den letzten Jahren unter anderen folgende Original-Manuskripte versteigert: Walter Benjamin ‚Berliner Kindheit um Neunzehnhundert' (um 1932). Auktion im November 2002. Schätzpreis € 18.000,–, Zuschlagpreis € 68.000,–; Joseph Roth ‚Tarabas, ein Gast auf dieser Erde. Roman', Kap. VIII–XXX (um 1933). Auktion im Mai 2003. Schätzpreis € 10.000,–, Zuschlag € 19.000,–; Robert Walser ‚Ophelia. Eine Novelle' (um 1924). Auktion im November 2008. Schätzpreis € 32.000,–, Zuschlag € 34.000,–.[6] Wie hoch oder wie niedrig die Einnahmen dieser Autoren aus den genannten Büchern waren, konnte nicht festgestellt werden. Nicht ausgeschlossen sondern sogar wahrscheinlich ist, dass der jeweilige

---

[5] *Friedrich Wilhelm Graf*, Tübinger Provinz und Berliner Metropole, in: „Dieser Schatz gehört in die Hauptstadt." Die Übergabe des Verlagsarchivs Mohr Siebeck an die Staatsbibliothek zu Berlin – Preußischer Kulturbesitz, SBB 350, Berlin 2011, S. 13.

[6] Verf. dankt Hauswedell & Nolte für diese Information. – Ein Handschreiben von Schiller an seinen Verleger Göschen wurde im Jahre 2009 für 16.000 Euro angeboten (*Iring Fetscher*, Fch, Nap oder ‚yo el rey'. Bei Stargardt in Berlin findet die traditionelle große Frühjahrsauktion mit Autographen statt: Eine Vorschau, in: FAZ Nr. 140 v. 20.6.2009, S. 40.

Auktionserlös aus der Versteigerung jener Manuskripte
weitaus höher lag als das Autorenhonorar für die aus diesen
Manuskripten entstandenen Bücher – ein Treppenwitz der
Geschichte vom Autor und seinem Verleger?

Nicht erst die Erfindung der E-Mails, sondern schon
die gute alte Schreibmaschine hatte das handschriftliche
Manuskript verdrängt. Wenn ein Autor dennoch seinem
Verleger ein handschriftlich geschriebenes Manuskript ein-
reichte, konnte dies (selten) auf Zustimmung stoßen. Von
einem handfesten Krach wegen eines handschriftlichen
Manuskripts berichtet Peter Handke: „Das Manuskript von
‚Mein Jahr in der Niemandsbucht' habe ich mit äusserster
Sorgfalt mit Bleistift geschrieben. Da hat er [gemeint ist:
Siegfried Unseld, d. Verf.] mir eines Abends im ‚Schloss-
hotel' in Kronberg wirklich gesagt, das ist kein ablieferungs-
fähiges Manuskript, wenn es mit der Hand geschrieben ist.
Da bin ich durchgedreht. Gehen Sie nach Kronberg ins
‚Schlosshotel'. Vielleicht ist das noch in der Luft, wie ich da
gebrüllt habe. Viele meiner Wutausbrüche, es waren 63 im
Laufe meiner Jahre, wenn nicht mehr, bedaure ich, aber dass
ich da losraketisiert habe, bedaure ich nicht."[7]

---

[7] Zitiert bei *Sven Michaelsen/Malte Herwig*, „Mein Grabspruch ist:
‚Bin hinten'" (Interview), Die Weltwoche, Nr. 46/2012, S. 60.

5. Die Lektoren:
notwendig oder überflüssig?

„Ach, war das schön, als es noch Lektoren gab." Unter dieser Überschrift wird in einem Kommentar über die Londoner Buchmesse 2012 von Klagen über den Niedergang des Lektorats in Großbritannien berichtet: „Lektorat bedeutet Zeit, und Zeit bedeutet Geld. Also hat man sich davon verabschiedet. Reihenweise wurden im vergangenen Jahrzehnt Stellen gestrichen."[1] Der so beklagte Zustand ist nicht allein eine englische Krankheit: Auch in Deutschland ist vom „Abbau der Lektorate" die Rede, „die nicht mehr dazu kommen, an Texten zu arbeiten, sie gar zu kürzen ..."[2]

Der Abbau von Lektoren geht einher mit dem Aufbau der Einrichtung von Literaturagenten, jedenfalls im Bereich der Belletristik: „Heutzutage kommen etwa 60 % aller Verlagsverträge durch die Vermittlung von Agenten zustande, die die Autoren umfassend beraten und vertreten. Demgegenüber ist der Tätigkeitsumfang von Lektoren bei der Beratung der Verfasser zurückgegangen."[3] Und: „Während es in England und den USA seit Jahr und Tag üblich ist,

---

[1] *Hannes Hintermeier*, Ach war das schön, als es noch Lektorate gab, in: FAZ Nr. 95 v. 23.4.2012, S. 26.

[2] *Jürgen Kaube*, Über das wissenschaftliche Sachbuch. Denken zwischen Mülltrennung und Notaufnahme, in: FAZ Nr. 60 v. 10.3.2012, S. L 15.

[3] *Matthias Horz*, Gestaltung und Durchführung von Buchverlagsverträgen. Am Beispiel der Literaturübersetzung, Belletristik und Wissenschaft, Berlin 2005, S. 65.

dass sich ein Autor zur Vermittlung eines Verlagsvertrages der Hilfe eines Literaturagenten bedient, passte diese kaufmännische Herangehensweise früher nicht in das Bild von der ‚kultischen Gemeinschaft' zwischen Autor und Verleger."[4] Schließlich: „Die Änderung der Verlagslandschaft hat aber zu einem starken Wettbewerbsdruck geführt und zum Abbau von Lektoraten, die bisher das Bindeglied zu den Autoren waren."[5]

Dass eine Reduzierung der Lektorate eine für die Qualität von Literatur unglückliche Entwicklung wäre oder schon ist, bedarf kaum einer Begründung; denn es ist wohl wahr: „Mit die besten Werke der Weltliteratur sind im Zwiegespräch zwischen einem Autor und seinem Lektor entstanden, nicht wenige wären ohne Lektor gescheitert."[6] Ein guter Lektor[7] ist für jeden Schreibenden ein Gewinn. Aber wann ist ein Lektor ein guter Lektor? Was ist sein Anteil am Erfolg eines Buches?

Es kann nicht überraschen, dass diese Fragen im Einzelfall – je nach Betroffenheit – unterschiedlich beantwortet

---

[4] *Matthias Horz* (Anm. 3), S. 65.

[5] *Matthias Horz* (Anm. 3), S. 65, auch mit dem Hinweis: „Für Schriftsteller ersetzen die Agenten einen Teil der kontinuierlichen Betreuung, die ihnen früher von Lektoren zuteil wurde. Meist bearbeitet der Agent mit dem Autor das Werk bereits, bevor es bei einem Verlag eingereicht wird."

[6] *Hannes Hintermeier* (Anm. 1), S. 26.

[7] Wenn hier und im Folgenden das Wort ‚Lektor' gebraucht wird, so ist damit der Berufslektor gemeint, also nicht ein Freund oder ein Bekannter oder eine Lebensgefährtin, die auf Bitten des Autors ein Manuskript lesen; s. als Beispiel die Äußerung von Max Frisch in seinem Brief vom 27. Januar 1971 an Uwe Johnson: „Sie sind der beste Lektor, den ich bisher gehabt habe", zit. in *Siegfried Unseld*, Chronik 1970. Mit den Chroniken Buchmesse 1967, Buchmesse 1968 und der Chronik eines Konflikts 1968, Berlin 2010, S. 352 Anm. 2.

werden. Normalerweise gelangen solche Dissonanzen nicht zur Kenntnis der Öffentlichkeit. Umso mehr Aufmerksamkeit hat die öffentlich geführte Auseinandersetzung zwischen der Schriftstellerin Katharina Hacker und dem Suhrkamp Verlag anlässlich des Wechsels von Katharina Hacker zum S. Fischer Verlag gefunden, ein Ereignis, das als „Tiefpunkt der Beziehung zwischen einer der bekanntesten deutschen Schriftstellerinnen und ihrem langjährigen Verlag" bezeichnet worden ist.[8] Auf Einzelheiten dieser Zerrüttung im Verhältnis der Autorin zu ihrem (bisherigen) Verlag braucht hier nicht eingegangen zu werden. Es genügt im vorliegenden Zusammenhang die gegensätzliche Beurteilung der Lektoratsarbeit.[9] Während Katharina Hacker in einer Presseerklärung in Bezug auf ihren Roman ‚Alix, Anton und die Anderen' behauptet, „ein Lektorat hat nicht stattgefunden" und nach ihrer Darstellung das Lektorat „gleich null" gewesen sei[10], kontert die Pressesprecherin des Suhrkamp Verlages mit der Beteuerung, der Roman verdanke seine Qualität „ganz entscheidend auch dem Lektorat Raimund Fellingers" [des Cheflektors des Suhrkamp Verlages, d. Verf.] und selbstverständlich habe ein Lektorat stattgefunden.

---

[8] *Felicitas von Lovenberg,* Chronik einer Zerrüttung. Die Freiheit steckt im Weißraum: Mit dem Erscheinen ihres neuen Romans beendet Katharina Hacker die Zusammenarbeit mit dem Suhrkamp Verlag. Das Haus hat ihre Wünsche missachtet, in: FAZ Nr. 265 v. 14.11.2009, S. 35.

[9] Zum Folgenden s. *Felicitas von Lovenberg* (Anm. 8), S. 35.

[10] Über ein Zuviel an Lektoratsarbeit bei Suhrkamp beschwerte sich Peter Handke in einem Brief an Siegfried Unseld: In seinem Manuskript des ‚Kinogehers' habe die Lektorin „30 notwendige, 30 nützliche und 300 unnütze bis beschädigende Korrekturen gemacht" (Peter Handke – Siegfried Unseld. Der Briefwechsel, Berlin 2012, S. 391; s. auch die Notiz von Unseld dazu, a. a. O. S. 397).

Während hier also die Arbeit oder Nichtarbeit des Lektors jedenfalls für den Nichteingeweihten im Verborgenen bleibt, ist in einem anderen Fall das Dunkel auf eine bemerkenswerte Weise gelichtet: Von dem Erfolgsroman ‚Beginners‘ von Raymond Carver liegt sowohl die lektorierte als auch die unlektorierte (‚*uncut*‘) Fassung vor – „ein singulärer Fall und eine blühende Spielwiese nicht nur für Literaturseminare, sondern für alle, die sich für den Schreibprozess interessieren", wie Paul Ingendaay unter der Überschrift „Sein Lektor machte ihn zum Markenartikel" schrieb.[11] In der Tat wäre es auch in anderen Fällen interessant zu wissen, wie die lektorierte Fassung eines Werkes sich von dem unlektorierten Originalmanuskript unterscheidet.

Das Verhältnis von Autor zu Lektor lässt sich umschreiben mit ‚je nachdem‘. Sind sich Autor und Lektor einig und empfindet der Autor die Arbeit des Lektorates als hilfreich, so steht einer Danksagung nichts im Wege, so wie zum Beispiel von Kirsten Heisig formuliert: „Die Umsetzung eines Buchvorhabens ist schwieriger, als ich anfangs dachte, weshalb ich froh war, Dr. Stephan Meyer als Lektor an meiner Seite zu haben."[12] Hat der Lektor dagegen ein Manuskript abgelehnt, also den Daumen nach unten gehalten, so wird der Autor verständlicherweise auf den Lektor sauer sein. Der Autor wird dem Lektor mangelndes Verständnis für den Text und anderes mehr vorwerfen, natürlich nicht aus-

---

[11] *Paul Ingendaay*, Sein Lektor machte ihn zum Markenartikel. Wie es der Originalversion von Raymond Carvers Kultbuch ‚Beginners‘ ohne Gordon Lishs Eingriffe in den Text ergangen wäre, war bislang reine Spekulation: Jetzt liegen beide Versionen vor – ein Vergleich, in: FAZ Nr. 100 v. 28.4.2012, S. 33.

[12] *Kirsten Heisig*, Das Ende der Geduld. Konsequent gegen jugendliche Gewalttäter, Freiburg / Basel / Wien 2010, S. 204.

drücklich sondern nur insgeheim; denn es könnte ja sein,
dass ein später verfasstes Manuskript wieder auf den Tisch
jenes Lektors gelangt. Vielleicht hat der Lektor mit seinem
Verdikt aber auch einen Nerv getroffen, wie ein Zahnarzt,
aber ohne Betäubung. Eine späte, dann aber für den Autor
sehr befriedigende Genugtuung ist es allerdings, wenn sein
zunächst von einem oder mehreren Verlagen abgelehntes
Manuskript bei einem anderen Verlag zu einem Erfolgsbuch
wird. Über den amerikanischen Krimiautor James M. Cain
wird berichtet, er sei auf den Titel seines (später auch ver-
filmten) Erfolgsromans ‚The Postman Always Rings Twice'
gekommen, nachdem erst der 13. oder 14. Verlag sein Manuskript schließlich zur Veröffentlichung angenommen hatte.
Das Werk ‚The Breakdown of Nations' des 1938 aus Österreich in die USA emigrierten Nationalökonomen und Phi-
losophen Leopold Kohr, der bereits 1951 den Zusammen-
bruch der Sowjetunion vorhergesagt hatte, konnte erst 1957,
„nach fast sechsjährigen, fruchtlosen Bemühungen schliess-
lich im Londoner Verlag Routledge & Kegan" erscheinen.[13]
    Wieder anders ist die Situation, wenn das Manuskript
zwar nicht abgelehnt worden ist, aber der Lektor darin tief-
greifende Änderungen vornimmt (wohl nur wenige Autoren können es sich leisten, Lektoratseinwirkungen generell
nicht zu dulden, wie dies von Hermann Hesse berichtet
wird[14]). An kritischen Äußerungen zu lektoralen Eingriffen

---

[13] *Gerhard Schwarz*, Leopold Kohr. Das Ende der Grossen, in:
Gerhard Schwarz / Gerd Habermann / Claudia Aebersold Szalay, Die
Idee der Freiheit. Eine Bibliothek von 111 Werken der liberalen Geistesgeschichte, Zürich 2007, S. 118. Das Werk von Kohr erschien 2002
in Österreich unter dem Titel ‚Das Ende der Grossen. Zurück zum
menschlichen Mass'.
[14] *Siegfried Unseld*, Der Autor und sein Verleger, Frankfurt a. M.
1985, S. 93.

mangelt es nicht – weder in Romanen noch in Tagebüchern. In dem Roman ‚Die Betrogenen' von Michael Maar ist über einen Lektor zu lesen: „Er kannte nicht den Unterschied zwischen dem Neuen und dem Alten Testament. Er kannte überhaupt nichts und hatte nichts gelesen und strich auch sonst immer die besten Pointen heraus."[15] Im realen literarischen Leben ging Hans Werner Richter mit seinem Lektor Klaus Roehler scharf ins Gericht: „Meinem Roman geht es schlecht. Klaus Roehler, der ihn lektorieren sollte, strich die ersten Kapitel nicht nur zusammen, er schrieb sie auch um, in seine Sprache. Was dabei herauskam, war eine synthetische Sprache, halb Richter, halb Roehler, eine kalte, klischéehafte, nichtssagende Sprache."[16] Und: „Anruf von Roehler, der niedergeschlagen ist, daß ich nicht an meinem Roman weiterarbeite. Wahrscheinlich spürt er seine eigene Mitschuld. Er hat mir mit seiner schulmeisterlichen Kritik jede Freude an der Arbeit genommen."[17] Eine Lektorin eines – inzwischen nicht mehr existierenden – belletristischen Verlages sagte mir einmal sinngemäß: „Wenn ich lektoriere, bleibt in dem Manuskript kein Stein auf dem anderen."

Eine solche Attitüde nährt bei dem von dieser Rigidität betroffenen Autor den Verdacht, dass der sein Manuskript Lektorierende am liebsten selbst der Autor des geplanten Buches sein möchte. In der Tat gibt es die Doppelrolle von Autor und Lektor. Klaus Roehler ist eines von nicht wenigen Beispielen. Gordon Lish, der die Werke von Raymond

---

[15] *Michael Maar*, Die Betrogenen, München 2012, S. 10/11.

[16] *Hans Werner Richter*, Mittendrin. Die Tagebücher 1966–1972. Hrsg. von Dominik Geppert in Zusammenarbeit mit Nina Schnutz, München 2012, S. 111.

[17] *Hans Werner Richter* (Anm. 16), S. 120.

Carver intensiv lektorierte, war auch Schriftsteller.[18] Der ungarische Schriftsteller Miklós Vajda war Lektor, bis er bei einer politischen Säuberung in seinem Heimatland seine Stelle verlor.[19] Über Friedrich Christian Delius wird gesagt: „Wenige – außer etwa Otto F. Walter und Hans Magnus Enzensberger – waren wie Delius nicht nur mit voller Seele Schriftsteller, sondern auch findige, schöpferische Lektoren."[20] Über Oskar Loerke, der 1917 Lektor des S. Fischer Verlages geworden war, schreibt Corinne Michaela Müller in ihrer interessanten Dissertation über die Trennung der Verlage Suhrkamp und S. Fischer: „Oskar Loerke befand sich zeitlebens in dem Zwiespalt zwischen eigenem literarischen Schaffen und der Lektorentätigkeit. Seinen Tagebüchern ist oft die Verbitterung über die Tatsache zu entnehmen, daß sein eigenes Werk hinter der Arbeit für den Verlag zurückstehen mußte. Dennoch vernachlässigte er niemals seine Lektorentätigkeit."[21]

Wie stimmt der Möchtegern-Autor den Lektor, den allmächtigen tyrannus rex, gnädig? Wie bringt die Literaturagentin, falls der Autor eine solche beauftragt hat, das Manuskript auf die richtige Ecke des Lektorenschreibtisches? Ortsbeschreibung: „Überall liegen Berge von Manuskripten. In drei Reihen auf dem Schreibtisch, aufgeschichtet auf den Regalbrettern dahinter, die Hälfte des Konferenztisches ist davon bedeckt, und auf dem Boden liegen weitere Stapel …

---

[18] *Paul Ingendaay* (Anm. 11), S. 33.

[19] *Jörg Plath*, Abschied eines Sohnes. Miklós Vajdas spätes Erzähldebut, in: NZZ Nr. 179 v. 4.8.2012, S. 59.

[20] *Beatrice von Matt*, Chronist seiner selbst. F. C. Delius schreibt über seine Arbeit als Autor und Lektor, in: NZZ Nr. 132 v. 9.6.2012, S. 59.

[21] *Corinne Michaela Müller*, Ein bedeutendes Stück Verlagsgeschichte – Die Trennung der Verlage Suhrkamp und S. Fischer im Jahre 1950, Diss. Heidelberg 1989, S. 55/56.

Das einzige, was das eine mit dem Gummiband gehaltene
Bündel vom nächsten unterscheidet, sind Titel und Ver-
fassername. Und der Umfang."[22]

Um Gnade zu finden muss das Manuskript gut sein. Aber
wann ist ein Manuskript gut? Kann man über das ABC
hinaus Schreiben lernen? In den USA gibt es schon seit langem Universitäten, an denen *creative writing* gelehrt wird.
Eine universitäre Ausbildung in literarischem Schreiben
bietet in der Schweiz das Schweizerische Literaturinstitut
und in Deutschland unter anderen das Deutsche Literaturinstitut an.[23] In Deutschland offeriert zum Beispiel das
Nordkolleg Rendsburg ('Akademie für kulturelle Bildung')
Seminare mit Schreibübungen.[24] Das Seminar 'Crime Time.
Ein Schreibseminar für Krimiautoren' richtet sich „an Personen, die an einem Krimi schreiben oder eine zündende
Idee für einen Kriminalroman haben und nach Wegen
suchen, ihre Ideen in ein marktfähiges Manuskript umzusetzen".[25] Mit dem Seminar 'Zeigen und Verhüllen – die
Kunst erotischen Schreibens' sind Autoren angesprochen,
„die einzelne erotische Passagen innerhalb eines längeren
Manuskripts planen, aber auch Autoren, die sich an einer
erotischen Erzählung oder einem erotischen Roman ver-

---

[22] Beschreibung des Anblickes des Zimmers eines Lektors („Dritter
Stock, hier sitzt er. Petra Vinters Lektor") bei *Jane Teller*, Komm.
Roman, München 2012, S. 99.

[23] Dazu *Andrea Kucera*, Eine Schreibwerkstatt macht Schule. Nach
einem harzigen Start hat sich das Schweizerische Literaturinstitut auch
in der welschen Schweiz etabliert, in: NZZ Nr. 248 v. 24.10.2012, S. 46.;
Morton Freidel, So lernt man in Leipzig das Schreiben, in: FAZ Nr. 96
v. 25.4.2013, S. 25.

[24] Nordkolleg Rendsburg. Seminarprogramm Literatur & Medien.
Juli – Dezember 2010.

[25] Programm L 17/2010, S. 23.

suchen möchten."[26] Der allgemeinen Frage: „Autor und Verlag – wie kommen diese beiden zusammen?" widmet sich das Seminar ‚Vom Manuskript zum Verlag. Wie bietet man Verlagen erfolgreich ein Manuskript an?'[27] In der Ankündigung dieses Seminars ist unter anderem zu lesen: „Im Workshop-Teil wird die konkrete Bewerbung eines Manuskriptes bei einem Lektor oder einem Literaturagenten im Mittelpunkt der Arbeit stehen" (der Leser fragt sich: Kann ein Manuskript sich bewerben?); und: „Ziel des Seminars ist es, die Teilnehmer durch umfassende Informationen über den Buchmarkt und ein konkretes Kurztraining in die Lage zu versetzen, erfolgreich belletristische Literatur zu veröffentlichen."

Glück auf! möchte man den Seminarteilnehmern zurufen, und man wünscht ihnen das Glück der Studentin Tanja Kinkel, über die in der Unizeitschrift UNICUM unter der Überschrift ‚Glück mit der Lektorin' berichtet wird: „Tanja hat Glück gehabt. Unzählige junge Leute, die sich für begabt halten, schicken ihre Werke an Verlage. Um die hundert Manuskripte pro Woche müssen die Lektoren der großen Häuser sichten. Die allermeisten Möchtegern-Autoren bekommen nur ein nichtssagendes Ablehnungsschreiben zurück. Tanja hingegen erhielt nach einem Monat einen Brief, in dem ihr eine Lektorin schrieb, daß sie das Manuskript über Lord Byron – Tanjas Erstling – „mit Begeisterung" gelesen habe und sich gerne mit ihr zu einem längeren Gespräch treffen würde. Damit hatte Tanja einen Fuß in der Tür."[28]

---

[26] Programm L 23/2010, S. 28.
[27] Programm L 15/2010, S. 16.
[28] *Gregor Kursell*, Ich fühle mich lebendig, wenn ich schreibe. Die

Tanja Kinkel hatte also einen Fuß in der Tür, aber glücklicherweise keine finanzielle Last auf den Schultern, wie
sie anderen Autoren nicht selten aufgebürdet werden soll.
Gabi Köpp, die Autorin des später in einem bekannten
Münchner Verlag erschienenen und viel beachteten Buches
‚Warum war ich bloß ein Mädchen? Das Trauma einer
Flucht 1945‘[29], erhielt nach Einsendung ihres Manuskriptes
an einen wenig bekannten Literaturverlag in Frankfurt am
Main von dessen Lektorat eine ebenso erfreuliche wie unerfreuliche Antwort, nämlich: „Sehr geehrte Frau Dr. Köpp,
das Lektorat hat in Absprache mit der Verlagsleitung eine
klare Entscheidung getroffen: Die Lektoren haben die Veröffentlichung Ihres Manuskripts befürwortet ... Wegen der
bis auf längere Sicht hin schwierigen Marktlage und der
daher unsicheren Absatzerwartung bedarf das Buchprojekt
jedoch eines Beitrages zu den Publikationskosten ... Da der
X-Verlag [hier anonymisiert, d. Verf.] neue oder noch wenig
bekannte Autoren nur mit zielgerichtetem Aufwand und bei
dennoch niedrigem Verkaufspreis im Buchmarkt publiziert,
bitten wir Sie für die wirtschaftliche Notwendigkeit einer
Kostenbeteiligung um Verständnis. Wir sind aber auch
überzeugt, daß Sie die positive Einschätzung der Lektorenkonferenz erfreuen wird ... Im Gespräch können wir die
Möglichkeiten einer erfolgreichen Publikation erörtern ...“

Münchner Studentin Tanja Kinkel schreibt Bestseller am laufenden
Band, UNCUM 1/19, S. 20 f.
   [29] S. die Besprechung von *Susanne Beyer*, Zeitgeschichte. 14 Tage
lebenslänglich. Die 80-jährige Gabriele Köpp veröffentlicht als erste
Betroffene unter eigenem Namen ein Buch über die Vergewaltigungen,
die sie 1945 als 15-Jährige erdulden musste. Sie ist eine von unzähligen
Frauen, die im Zweiten Weltkrieg zu Opfern sexueller Gewalt wurden,
in: DER SPIEGEL 8/2010, S. 106 ff.

Der Lektor als Pförtner sagt also zu dem vor dem Zugang zur literarischen Arena Wartenden: „Du darfst eintreten, aber nur gegen Eintrittsgeld." Da nutzt auch die Lektüre eines Ratgebers mit dem Titel ‚Wie biete ich ein Manuskript an?' nicht, der in einem Buchversandprospekt wie folgt beworben wird: „Ein begeisterter Verleger und erfahrener Autor erläutert Ihnen alle wesentlichen Arbeitsschritte auf dem Weg vom Manuskript zum Buch: Von der Gestaltung des Manuskripts über die Aufbereitung des Bildmaterials, das Verfassen eines Exposés, Verpackung und Versand bis hin zu Rechtsfragen der Einsendung. Für mehr Erfolg im Umgang mit Verlagen!"[30] Gibt es wirklich einen „schlimmen, menschentfernten Literaturverwaltungszugang" (Antonia Baum[31]), oder muss nur einfach die Spreu vom Weizen getrennt werden? Man möchte mehr über das äußere Leben und das Innenleben von Lektoren erfahren. Gibt es ein Sachbuch ‚Der Lektor'? Ist die Verlagslektorin Camille in dem Roman ‚Das geheime Prinzip der Liebe' von Hélène Grémillon[32] ein Prototyp oder womöglich – aber wohl unwahrscheinlich – die Cheflektorin Anastasia Steele in

---

[30] *Wilhelm Ruprecht Frieling / Johann-Friedrich Huffmann*, Wie biete ich ein Manuskript an? Mehr Erfolg im Umgang mit Verlagen. Ein Wegweiser zum eigenen Buch, 2. Aufl. Berlin 2005.

[31] Zit. bei *Oliver Jungen*, Banale Phase oder die Dilettanten des Wunders. Ein Fanal: Antonia Baums vollkommen lebloses Debüt, in dem eine junge Frau nach Liebe sucht, wird als neue deutsche Literatur verkauft. Was für ein Irrtum!, in: FAZ Nr. 248 v. 25.10.2011, S. 30, mit dem Eingangssatz: „Sapperlot! Welch eine Verzweiflung muss herrschen auf den deutschen Verlagsfluren, wo offenbar jedes noch so missglückte Debüt mit Handkuss aufgenommen wird."

[32] *Hélène Grémillon*, Das geheime Prinzip der Liebe. Roman. Aus dem Französischen von Claudia Steinitz, Hamburg 2012.

der Sex-Trilogie ‚Fifty Shades of Grey' von E. L. James?[33]
Existieren Darstellungen von Streitigkeiten zwischen Verlegern und Lektoren, ähnlich den Darstellungen der Palastrevolutionen im Suhrkamp Verlag[34] und bei Wagenbach?[35]

In captu lectoris habent sua fata libelli. Der Satz besitzt
Allgemeingültigkeit. Aber: Die Köpfe der Lektoren ‚ticken'
unterschiedlich (dies auch je nach den Interessen des Verlages), was zu unterschiedlichen Schicksalen eines Buches
führen kann. Der Lektor in einem wissenschaftlichen Verlag
wird in der Regel mit Manuskripten nicht so zugeschüttet
wie die Lektoren belletristischer Verlage. Auch wird dem
Lektor eines wissenschaftlichen Verlages die Prüfung eines
Manuskripts jedenfalls dann erleichtert, wenn es sich um
eine Qualifikationsarbeit handelt (Magister, Diplom, Promotion, Habilitation), weil in diesen Fällen bereits eine
sachverständige Prüfung des Inhaltes an der Hochschule
stattgefunden hat, dies sogar – außer bei Habilitationsschriften – mit einer Benotung, die dem Lektor als wichtige
Hilfe bei seiner Entscheidung dienen kann.

---

[33] Die Information über diese berufliche Stellung der Romanheldin
gewann Verf. aus dem Artikel von *Julika Griem,* Eine literarische
Magersuchttherapie. Die Trilogie der ‚Fifty Shades' rettet in diesem
Jahr die Absatzzahlen des deutschen Buchhandels. Aber was begeistert
Millionen Leserinnen jeden Alters an diesem sexuellen Machtspiel?, in:
FAZ Nr. 265 v. 13.11.2012, S. 29.

[34] Dazu *Siegfried Unseld,* Chronik (Anm. 7), S. 22 ff.; die Gegenmeinung der Suhrkamp-Lektoren in *Walter Boehlich* u. a. (Hrsg.), ‚Chronik
der Lektoren'. Von Suhrkamp zum Verlag der Autoren, Frankfurt a. M.
2011; dazu *Friedmar Apel,* Ein Dokument der Verbitterung. Von der
Abhängigkeit sich geistig unabhängig Fühlender: Der Aufstand im
Hause Suhrkamp – aus Sicht der Lektoren geschildert, in: FAZ Nr. 276
v. 26.11.2011, S. L 3.

[35] Dazu *Friedrich Christian Delius,* Als die Bücher noch geholfen
haben. Biografische Skizzen, Berlin 2012, S. 126 ff.

In den Manuskripten gestandener Wissenschaftler wird ein Lektor in der Regel nicht herumfuhrwerken,[36] mögen auch – wenn erforderlich – Kürzungen, Vereinheitlichungen, Einhaltung drucktechnischer Hinweise und dergleichen noch für genug Lektoratsarbeit sorgen, insbesondere aber die – Lektor wie Autor gleichermaßen nervende – Sorge um termingerechte Ablieferung eines überfälligen Manuskripts. Meine persönlichen Erfahrungen mit den Lektoraten wissenschaftlicher und nichtwissenschaftlicher Verlage sind durchweg positiv, solange man nicht die Käfigstangen der Gefängnisse politischer Korrektheit berührt. Das aber ist ein eigenes, trauriges Kapitel.

Als Autor könnte man dieser Malaise nur entrinnen, wenn man sich für selbstverlegte Bücher entscheiden würde. Echte selbstverlegte Bücher sind solche, in denen der Autor das Buch in eigener Person herstellt und vertreibt, wie dies zum Beispiel für Lebenserinnerungen in Betracht kommt. Wenn etwa ein Vater oder eine Mutter für ihre Kinder und Enkelkinder eine Familienchronik aufschreibt, ohne damit einen literarischen Anspruch erheben zu wollen, so kommt eine normale Buchproduktion dafür nicht in Betracht. Der Autor benötigt für die Vervielfältigung seines Manuskripts nur eine ihm bekannte Druckerei oder einen Copy-Shop sowie einen Buchbinder. Braucht der Autor Ratschläge hinsichtlich Inhalt und Aufbau seiner Darstellung oder sogar Hilfestellung bei der Formulierung, so kann er die Dienste professioneller Biographen[37] in Anspruch nehmen, die den Text auf den Autor zugeschnitten bearbeiten. Sofern

---

[36] Siehe dazu *Matthias Horz* (Anm. 3), S. 67: „Nach Auskunft des Hochschulverbandes und des Börsenvereins sind die Lektoren oft nicht vom Fach und können das Werk inhaltlich nicht beurteilen."

[37] Bsp.: www.ramcke-biografien.de

der Autor an einen etwas weitergespannten Leserkreis als nur an den der Familienangehörigen und Freunde denkt, wird er seinen Namen und seine Anschrift in dem Buch oder der Schrift vermerken und dieses nach Fertigstellung verschenken oder gegen einen geringen finanziellen Betrag, unter Umständen nur als Ersatz der Versandkosten, an ausgewählte Interessenten verschicken. Auch wenn der literarische Wert solcher Erinnerungen nur für den Autor bestehen mag (und der kommerzielle gleich null oder sogar negativ ist), so sollte doch deren Bedeutung nicht nur für die Familiengeschichte, sondern auch als Teil der Erlebniskultur nicht unterschätzt werden.[38]

In früheren Zeiten sind auch Dissertationen oft nicht in einem richtigen Verlag erschienen: Mit Schreibmaschine geschriebene Exemplare mit einer bestimmten Anzahl von (meist nicht gut lesbaren) Durchschlägen reichten aus. Der Doktorvater und der Zweitgutachter fungierten gewissermaßen als Lektoren ex officio.

Heutzutage erscheinen Doktorarbeiten nicht selten als *Books on Demand*, aber längst nicht nur Doktorarbeiten, sondern Bücher mit den verschiedensten Inhalten. Schon ist – jedenfalls in den USA – vom „Goldenen Zeitalter des Selbstverlegens" die Rede: „Der Verlag als Nadelöhr verliert an Bedeutung. Immer mehr Menschen verlegen ihren Roman, ihre Memoiren oder ihren Gedichtband im so-

---

[38] Als Beispiel eines solchen, spannend zu lesenden Erlebnisberichtes eines damals achtjährigen Mädchens aus Ostpreußen kann hier – statt vieler – genannt werden: „Meine Erinnerungen an das Kriegsjahr 1945 in Adlig Blumenau, Kr. Preußisch Holland Ostpreußen" von *Gertraut Grudinski*, ggruddel@aol.com

genannten Selfpublishing."[39] Die wachsende tatsächliche
Bedeutung des ‚Selbstverlegens' (*Selfpublishing*) liegt auf
der Hand – der Buchmarkt und das Verlagswesen ändern
sich rasant.[40] Schon im Jahre 2008 erschienen in den USA,
die insoweit wohl als Pfadfinder angesehen werden können, erstmals mehr Buchtitel nur als *Books on Demand*
(nämlich 285.400) als in herkömmlich gedruckter Auflage
(275.200).[41]

Wenn von ‚Selbstverlag' oder von ‚Selbstverlegen' die
Rede ist, so sind diese Ausdrücke jedenfalls in Bezug auf
Books on Demand nicht präzise; denn in Wahrheit werden
Books on Demand in ihrer üblichen Form eben gerade
nicht vom Autor selbst in einem eigenen Verlag hergestellt
und von diesem verlegt, sondern mit Hilfe eines Unterneh-
mens,[42] das die ‚selbstverlegten' Produkte des Autors ver-
vielfältigt und meist auch (mit-)vertreibt. Das betreffende
Unternehmen dient also dem Autor als Servicebetrieb.
Die Besonderheit der *Books on Demand* liegt darin, dass
die Anzahl der vervielfältigten Exemplare exakt der Anzahl der Bestellungen entspricht – gedruckt wird gemäß
Nachfrage. Nicht bestellte Exemplare gibt es also nicht
mehr: Kostspielige Lagerbestände gehören insoweit ebenso

---

[39] *Georg Giersberg,* Immer mehr Bücher erscheinen an den Verlagen
vorbei. Books on Demand erfreut sich reger Nachfrage / Kooperationen
erschließen internationale Märkte, in: FAZ Nr. 161 v. 13.07.2012, S. 19.
[40] Dazu, auch mit Zahlen aus den USA, *Hannes Hintermeier,* Ich
heiße die Marktmacht. Große Erwartungen: Der Trend zum Selbstverlag, in: FAZ Nr. 171 v. 25.07.2012, S. 27.
[41] Bericht: Die Nische für das ‚Buch auf Abruf' wird immer größer.
BoD investiert in neue Produktionstechnik / 2,5 Millionen Bücher liefert
der Marktführer im Jahr aus, in: FAZ Nr. 240 v. 16.10.2009, S. 17.
[42] Bekanntes Beispiel für ein solches Serviceunternehmen ist die
Books on Demand GmbH (BoD) in Norderstedt bei Hamburg.

der Vergangenheit an wie das für Autor und Verlag miss-
liche Makulieren.[43] Weil die Bestellungen beinahe sogleich
bedient werden können, gibt es auch nicht das für Interessenten und den Autor ärgerliche vergriffene Buch. Rein
äußerlich unterscheidet sich das professionell hergestellte
Book on Demand heute kaum noch von einem herkömmlich in einem Verlag publizierten Werk. Schließlich sorgt
das Serviceunternehmen nicht nur für den Druck und den
Einband, sondern betreibt auch die Auslieferung und die
Versorgung der Vertriebswege.

   Der *Books on Demand*-Markt produziert inzwischen
mehr neue Buchtitel als das herkömmliche Verlagswesen.[44]
Allerdings ist dabei zu berücksichtigen, dass die *Books
on Demand*-Methode vor allem für Bücher mit geringer
Auflagenhöhe in Betracht kommt. Matthias Horz stellt
in seinem Buch über den Verlagsvertrag fest, die Verviel-
fältigungsmethode des *Book on Demand* sei „für den Autor
nur dann wirtschaftlich sinnvoll, wenn weniger als 300
Exemplare veröffentlicht werden.“[45] Georg Giersberg informiert darüber, die Books on Demand GmbH (BoD)
produziere „täglich zwischen 10.000 und 20.000 Bücher,

---

   [43] Der Text eines diesbezüglichen, ebenso freundlichen wie betrüb-
lichen Verlagsschreibens lautet: „Im Zuge einer gründlichen Revision
unseres Lagers hat sich die Notwendigkeit ergeben, daß wir unsere
Bestände verringern. Dies betrifft insbesondere ältere Werke oder
solche, deren Absatz sehr schleppend ist. Die Aktion betrifft bedauer-
licherweise auch den Titel [es folgt die Angabe; d. Verf.]. Der Verlag ist
gerne bereit, Ihnen den zu makulierenden Titel gegen Erstattung der
Versandkosten ohne weitere Kosten zu überlassen …“
   [44] Siehe dazu die Zahlenangaben bei *Georg Giersberg* (Anm. 39),
S. 19.
   [45] *Matthias Horz* (Anm. 3), S. 27 Anm. 24.

davon 40 Prozent in einer Kleinstauflage von einem bis neun Exemplaren."[46]

Ein *Book on Demand* kann in gedruckter Form oder in elektronischer Version, also als E-Book, veröffentlicht werden. E-Books sind allerdings nicht auf das Produkt *Books on Demand* beschränkt. Auch ‚normale‘ Bücher erscheinen heute häufig auch, also zusätzlich, in einer E-Book-Ausgabe. Ein angesehener, seit 1798 existierender wissenschaftlicher Verlag schreibt in der Einleitung zu seinem Verlagsprogramm unter der Überschrift „Es geht voran!" dazu: „Auch unser gedrucktes Programm seit 1945 erhält mit dem Projekt EoD (*E-Books on Demand*) seit Jahresbeginn einen zusätzlichen Aggregatzustand. Unser E-Book-Angebot von bisher ca. 2.000 Titeln erweitert sich damit auf rund 11.500 Titel. Damit ist über 90 % unserer Backlist auch in elektronischer Form verfügbar."

E-Book ist also, was Lektorieren und verlegerische Betreuung im Übrigen betrifft, und wenn man an mehr als an die Art der Herstellung und den Vorgang des Lesens denkt, nicht gleich E-Book. Wenn von E-Books die Rede ist, muss deshalb zwischen *Books on Demand* in der Form des E-Book einerseits und ‚normalen‘ Büchern andererseits unterschieden werden. Auf E-Books in Form der *Books on Demand* bezog sich offensichtlich eine in der ‚New York Times Book Review‘ im Sommer 2012 veröffentlichte E-Book-Bestsellerliste, die Anlass zu der Frage gab: „Sind wir nun eingetreten ins Zeitalter des anarchischen Buchmarktes, in dem die Axt im Haus (bzw. der Internet-Router) auf einen Schlag den

---

[46] *Georg Giersberg* (Anm. 39), S. 19, dies auch mit dem Hinweis, dass der moderne Digitaldruck es ermöglicht, eine Auflage von lediglich einem Exemplar herzustellen.

Lektor, den Verleger und den Buchhändler ersetzt? Stattdessen aber das Buch – jedenfalls in seiner elektronischen
Form – vom Schreibtisch des Dichters umstandslos und
ohne lästige Umwege, mit lediglich ein paar Handgriffen
auf den E-Reader der Leserinnen und Leser zaubert?" Dies
alles „ohne lästige Lektoren, ohne lange Verhandlungen mit
Verlegern."[47] Ein Wunschbild – oder auch nicht? Niemand
kann sich dem technischen Fortschritt verschließen. Wer
Books on Demand in welcher Form auch immer herstellen
will, mag dies tun. Ich werde bis an das Ende meiner Tage
gedruckte Bücher vorziehen.[48] Und dies trotz Lektoren und
Verlegern. Übrigens: Bei manch einer Lektüre hätte ich mir
als Leser einen aufmerksamen Lektor gewünscht.

---

[47] *Roman Bucheli*, Die Axt im Haus. Selbstverlegte E-Books in den
Bestsellern, in: NZZ Nr. 181 v. 7.2.2012, S. 45.
[48] Voraussagen zur Zukunft des Buches bei *Petra van Cronenburg*,
In der dunklen Höhle. Zur Zukunft des Buches, in: Zukunft de Publi-
zierens, APuZ 62. Jg. H. 41–42/2012, S. 3 ff.

6. Tribut an die Zeit:
Der alternde Autor und veraltete Bücher

Die Einstellung des Autors – Aufgeschlossenheit oder Verschlossenheit – gegenüber neuen technischen Entwicklungen in Bezug auf das Kulturgut Buch mag auch vom Lebensalter abhängen. Unstreitig ist jedenfalls die banale Feststellung: Autoren sind (derzeit noch) menschliche Wesen. Nicht auszuschließen ist allerdings, dass in nicht allzu ferner Zukunft Roboter entwickelt werden, die schriftstellern können, wobei immerhin die Programmierung dieser Maschinen wohl noch von Menschenhand erfolgen wird. Bis zu einer solchen Entwicklungsstufe unserer Zivilisation dürfen wir glücklicherweise mit Autoren leben, die eben keine Maschinen sind, sondern Geschöpfe der Natur, die nicht technischen Abläufen unterliegen (etwa „Ermüdung des Materials"), sondern biologischen Gesetzen, kurz: die altern.

Die wissenschaftliche Erforschung der Situation alter Menschen ist verhältnismäßig jungen Alters. Maria Frisé hat in ihrem Nachwort zu dem von Helena Klostermann, der Ehefrau des Verlegers Vittorio Klostermann, zusammengestellten Band „Alter als Herausforderung. Frauen über sechzig erzählen" dazu angemerkt: „Lange Zeit hat sich die Wissenschaft wenig um alte Menschen gekümmert. Viel wichtiger zu erforschen waren ihr die verschiedenen Stadien der Kindheit und Jugend mit ihren raschen Veränderungen. Lange Zeit hat aber auch die Öffentlichkeit

sich viel zu wenig mit den Problemen alter Menschen aus-
einandergesetzt. Die alten wurden an den Rand gedrängt.
Institutionen übernahmen Pflege und Verantwortung. Alle
Bemühungen um alte Menschen waren belastet mit dem
pessimistischen Ausblick auf nachlassende Kräfte, auf einen
Abbau körperlicher und geistiger Fähigkeiten."[1]

Das Schweigen über Alter und Altern ist seit einigen
Jahren passé. Alter und Altern ist inzwischen ein Gegenstand seriöser und eindrucksvoller Befassung[2], aber auch
der Geschwätzigkeit in sog. Sachbüchern, der Werbung
für Produkte der Kosmetikindustrie und von Offerten der
Schönheitschirurgie. Gesichter werden im Sinne von „anti-
aging" geliftet. Die Seelen werden gestreichelt mit der Ver-
sicherung „Wer heute achtzig ist, wirkt wie früher 70" oder
mit dem Prädikat „Edelstahlgeneration". Nun fehlt uns nur
noch der beglückte Ausruf: „Hurra, wir werden alt!"

Differenzierter als diese Euphorie lesen sich Beobachtungen in der Belletristik. Elizabeth Strout lässt in „Mit Blick
aufs Meer" eine ihrer Romanheldinnen seufzen, „dass das
Leben Fahrt aufnahm und dann plötzlich fast vorbei war, in
einem Tempo, von dem einem schwindlig werden konnte."[3]
In Christa Wolfs „Sommerstück" liest sich ein Gespräch
zwischen zwei Schwestern so: „Altern ist Rückzug. Ein
Rückzug, den du selbst nicht vornimmst. Der in dir vor-

---

[1] *Maria Frisé*, Nachwort zu Helena Klostermann, Alter als Herausforderung. Frauen über sechzig erzählen, Frankfurt a. M. 1984, S. 149 ff.
(153/154).

[2] Aus der Fülle der einschlägigen Literatur sei hier nur erwähnt
Silvia Bovenschen, Älter werden, 7. Auflage Frankfurt a. M. 2007 (Taschenbuchausgabe 2. Aufl., Frankfurt a. M. 2011).

[3] *Elizabeth Strout*, Mit Blick aufs Meer. Roman. Aus dem Amerikanischen von Sabine Roth (Originaltitel: Olive Knitteridge), 3. Aufl.
München 2012, S. 165.

genommen wird ... Daß du an dir das Interesse verlieren
könntest, hast du nicht erwartet, aber es entweicht unaufhaltsam"[4], und: „Altern ist, übrigens auch, dass du dich
immer öfter zu dir sagen hörst: Es ist nicht wichtig."[5]

Von einem Rückzug aus dem Schreibgeschäft kann aber
bei vielen alternden Autoren keine Rede sein. Ähnlich dem
früheren Werbeslogan für den Volkswagen „und läuft und
läuft und läuft", könnte in Bezug auf nicht wenige bejahrte
Autoren getextet werden „und schreibt und schreibt und
schreibt". Louis Begley und Vargas Llosa sind dafür viel
gelesene Beispiele.[6] Eher selten ist wohl der Fall, dass ein
Autor wie Philip Roth öffentlich mitteilt, dass er mit dem
Schreiben aufgehört habe: „An seinem Computer klebt nun
ein Post-it, das ihn daran erinnert, nicht zu vergessen: ‚Der
Kampf des Schreibens ist vorbei.' "[7]

Von Gemeinsamkeiten und Unterschieden zwischen Ro-
manschriftstellern einerseits und wissenschaftlichen Autoren andererseits war in anderem Zusammenhang bereits die
Rede. Gemeinsam sind beiden Kategorien die Freuden und
Leiden des Alters als solchem: Auf der *sunny side of the street*
erfreuen Enkelkinder die Großeltern; zur Schattenseite gehören altersbedingte Zipperlein – sie treffen Wissenschaftler und Nichtwissenschaftler gleichermaßen.

---

[4] *Christa Wolf*, Sommerstück, Frankfurt a. M. 1989, S. 207.
[5] A. a. O. (Anm. 4), S. 215.
[6] Als Sachbuch- und Memoirenautor in hohem Alter ist z. B. Alt-
bundeskanzler Helmut Schmidt zu nennen.
[7] *Christopher Schmidt*, Amerika auf der Couch. Ein halbes Jahrhundert lang war Philip Roth der überragende Chronist der amerikanischen Gefühlswelt. An diesem Dienstag wird der bedeutendste
lebende Schriftsteller der USA achtzig und lässt sich in seiner Heimat-
stadt Newark groß feiern, in: SZ Nr. 66 v. 19.3.2013, S. 14.

Ungleiche Folgen ergeben sich dagegen aus der unglei-
chen Stellung, jedenfalls soweit es sich bei dem wissenschaftlichen Autor – wie oft – um einen Hochschullehrer handelt.
Mit seiner nach Erreichung eines bestimmten Lebensalters
aufgrund der einschlägigen gesetzlichen Regelungen erfol-
genden Pensionierung oder Emeritierung verliert der bislang an seiner Hochschule tätige wissenschaftliche Autor
zunächst seine Infrastruktur, in der Sprache der Wirtschaft:
seine Logistik, als da sind bzw. waren, seine wissenschaftlichen Mitarbeiter, studentische Hilfskräfte, seine Sekretärin,
sein Dienstzimmer, seine Handbibliothek im Institut oder
am Lehrstuhl. Manche Fakultäten wie auch die Max-Planck-
Institute federn diesen Verlust ab: „Der Alte" darf noch ein
Zimmer gemeinsam mit einem anderen Kollegen mitbenut-
zen, eine Schreibkraft steht noch zur Hälfte zur Verfügung,
in der Bibliothek findet sich ein Plätzchen. Wenn er Lust
hat – man weiß: viele Alte können nicht loslassen[8] – darf er
auch noch die eine oder andere Vorlesung halten oder ein
Seminar veranstalten; ein diesbezügliches Angebot wird angesichts der an vielen Hochschulen knappen Personaldecke
sogar nicht selten gern angenommen. Hat der entpflichtete
Hochschullehrer aber nicht mehr eine große Zuhörerschaft
in einem großen Hörsaal[9], so wird er auch als Autor für
Verlage, z. B. als Verfasser der Neuauflage eines Lehrbuches,
uninteressant. Ein angesehener wissenschaftlicher Verlag in
Südwestdeutschland schrieb einem Emeritus ebenso offen
wie hart, „dass Studienliteratur von entpflichteten Hoch-

---

[8] Zum (Nicht-)Loslassenkönnen des alternden Wissenschaftlers s.
auch *Ingo von Münch*, Gute Wissenschaft, Berlin 2012, S. 131 f.
[9] Die früher übliche Praxis der Ausgabe von Hörerscheinen zum
verbilligten Bezug von Büchern des Dozenten ist heute durch das Preis-
bindungsgesetz ausgeschlossen.

schullehrern leider an Interesse verliert, wenn diese nicht mehr am Lehrbetrieb teilnehmen.“[10] Wenn dem so ist, dann ist es verständlich, dass der Verlag für den Fall einer Neuauflage einen Nachfolger oder eine Nachfolgerin für den bisherigen Autor sucht, was oft nicht leicht ist. Vor diesem Hintergrund ist nachvollziehbar, dass ein prominenter Juraprofessor auf die Frage: „Was ist Ihr größtes Problem, das mit der Emeritierung zusammenhängt?“ antwortete: „Die Ungewissheit darüber, wer meine Bücher fortsetzt.“[11] Romanautoren oder Poeten haben dieses Problem nicht; sie haben allerdings auch keine Beamtenpension.

Unser Wissenschaftsautor hat also, um im Bilde zu bleiben, einige Bücher geschrieben, die im Laufe der Jahre mehrere Neuauflagen erlebt haben. Handelt es sich z. B. um ein erfolgreiches mehrbändiges Lehrbuch, so können die immer wieder neu aufgelegten Bände schon ein Bücherregal füllen. Der tägliche Anblick dieser Bücherrücken mag den darauf stolzen Autor entzücken. Diese Freude währt jedoch nicht ewig: Es kommt der Augenblick, in dem jener Anblick ein Problem sichtbar macht, das sich aus der Verbindung von alterndem Autor und veralteten Büchern ergibt.

Der Zusammenhang ist dieser: Unser Autor hatte in seinem langen Leben als Hochschullehrer oder als wissenschaftlicher publizierender Beamter zunächst eine kleine Wohnung bezogen, später – inzwischen Familienvater – eine größere, schließlich mit Hilfe einer Hypothek, vielleicht des Beamtenheimstättenwerks, ein Reihenhaus, vielleicht sogar eine Villa. Nach seiner Pensionierung blieben

---

[10] Zit. bei *Ingo von Münch*, Der Emeritus, in: Liber Amicorum Hans-Uwe Erichsen, Köln 2004, S. 121 ff. (128).

[11] Zit. bei *Ingo von Münch* (Anm. 10), S. 128.

die Wohnverhältnisse unseres Autors zunächst unverändert. Irgendwann aber, die Kinder waren längst aus dem Haus, reifte der Entschluss, ein kleineres Domizil zu beziehen. Haus und Garten waren einfach für den Alternden zu groß geworden. Man wollte sich also räumlich gesehen verkleinern. Vielleicht wurde sogar ein künftiges Wohnen in einer Seniorenresidenz (geschönte Bezeichnung für Altersheim) erwogen, etwa im Augustinum. Wohin dann aber mit den veralteten Büchern, insbesondere also den alten Auflagen, die in den schweren, dunkelbraunen Regalen – vor vielen Jahren von der Wissenschaftlichen Buchgesellschaft in Darmstadt geliefert – stumm vor sich hin stehen? Der tschechische Popart-Künstler Karel Trinkewitz schickte einem alternden Autor einmal eine Karte, auf deren Rückseite unter dem Foto einer opulenten Bibliothek der Ausspruch von Jorge Luis Borges abgedruckt war: „Das Paradies habe ich mir immer als eine Art Bibliothek vorgestellt." Auf der Vorderseite der Karte kommentierte Trinkewitz dies handschriftlich mit den Worten. „Wenn man sterblich ist, ist eine riesige Bibliothek die Hölle."

Antiquariate, so wird berichtet, sind vollgestopft mit Nachlässen. Wissenschaftliche Bibliotheken nehmen Buchgeschenke an, klagen aber auch schon über Platzmangel.[12] An alten Auflagen ist kaum Bedarf. Letztlich bleibt für den alternden Autor und seine veralteten Bücher nur ein bitterer Weg, nämlich der zum Altpapiercontainer oder zur Blauen Tonne. Der portugiesische Schriftsteller Paulo Coelho begründet seine Entscheidung, in seiner Bibliothek nur vier-

---

[12] Von einer US-amerikanischen Universität wurde dem Verf. berichtet, sie nehme Buchgeschenke nur noch gegen Zahlung einer (Platz-)Gebühr an.

hundert Bücher zu behalten „– einige aus sentimentalen Gründen, andere, weil ich sie immer wieder lese", damit, „dass es mich immer traurig stimmt, wie Bibliotheken, die sorgfältig ein ganzes Leben aufgebaut wurden, am Ende respektlos nach Gewicht verkauft werden. Außerdem: Warum soll ich all diese Bände im Haus verwahren? Um meinen Freunden zu zeigen, dass ich gebildet bin? Als Wandschmuck? Die Bücher, die ich gekauft habe, sind in einer öffentlichen Bibliothek unendlich viel nützlicher als bei mir zu Hause."[13]

Das Entsorgungsproblem würde sich allerdings leicht lösen, wenn der alternde Autor nur noch E-Books besäße. Der Vormarsch dieser Produkte (Bücher mag man dazu eigentlich nicht sagen) schreitet offensichtlich unaufhaltsam voran. Eine Anfang des Jahres 2013 veröffentliche Schätzung der Verlage ergab die Erwartung, dass der E-Book-Anteil am Gesamtumsatz der Branche sich bis 2015 auf 17 Prozent des Gesamtumsatzes erhöhen werde.[14] Schon wird vermutet, dass den E-Books die Zukunft gehört[15], eine Vermutung, die umso mehr für sich hat, wenn die Forderung des Deutschen Bibliotheksverbandes erfüllt würde, auch

---

[13] *Paulo Coelho*, Sei still wie ein Fluss, der still die Nacht durchströmt. Neue Geschichten und Gedanken 1998–2005. Aus dem Portugiesischen von Maralde Meyer-Minnemann, Gütersloh 2006, S. 75, auch: „Nicht weil ich Wälder retten oder großzügig sein will: ich glaube nur, dass ein Buch einen eigenen Weg hat und nicht dazu verdammt sein sollte, reglos in einem Regal zu stehen" (S. 76).

[14] Notiz: Wer spricht hier von Gerechtigkeit? Der Börsenverein des deutschen Buchhandels verlangt billigere E-Books, in: SZ Nr. 1 v. 2.01.2013, S. 11.

[15] So z.B. *Ronald Gläser*, Umziehen unerwünscht. E-Bücher: Elektronischen Büchern gehört die Zukunft, es gibt aber einige Dinge, die Handel und Produzenten verbessern sollten, in: JF Nr. 7 v. 8.02.2013, S. 17.

für E-Books die für gedruckte Bücher geltende auf sieben
Prozent reduzierte Mehrwertsteuer (für Kulturgüter) anstatt
der bislang geltenden neunzehn Prozent (für Dienstleistungen) einzuführen – ein Ansinnen, das die Europäische
Kommission in Brüssel allerdings noch ablehnt.[16]

Der alternde Autor ist nicht technikfeindlich, aber doch
technikscheu. Er hat keine Einwände (warum sollte er diese
auch haben?), wenn eine Verlagsgruppe ihm mitteilt, dass
das von ihm verfasste Buch auch als E-Book erscheinen
wird. Aber nicht wenigen alternden Autoren ist diese neue
Technik fremd; sie sind mit herkömmlich veröffentlichten
Büchern und Abhandlungen aufgewachsen und möchten
diese nicht missen. Die alternden Autoren möchten in ihrer
Sprache schreiben; sie möchten sich auch nicht den neuen
Herausforderungen für ihre Sprache durch neue Medien
stellen.[17] Alternde Autoren sind so betrachtet altmodisch.
Aber sie haben – wiederum insoweit betrachtet – meine
volle Sympathie, verständlicherweise. Schließlich gilt auch
nur für das herkömmlich (altmodisch?) hergestellte Buch
die anschauliche Charakterisierung von Niklas Luhmann:
„Bücher können versehentlich zuklappen oder vom Tisch
fallen, vergilben, aber nicht zerbrechen wie Gläser oder vom
Kopf fliegen wie Mützen".[18]

---

[16] Dazu Notiz: Steuerfall E-Book. Kulturgut oder Dienstleistung?,
in: FAZ Nr. 250 v. 26.10.2012, S. 34. – Zu dem Versuch, eine feste Preis-
bindung für elektronische Bücher durchzusetzen und zum diesbezüglichen Kartellverfahren der Europäischen Kommission s. den Bericht
Keine festen Preise für E-Books, in: FAZ Nr. 292 v. 14.12.2012, S. 18.

[17] Zu diesen Herausforderungen s. *Hilmar Hoffmann* (Hrsg.),
Deutsch global. Neue Medien – Herausforderungen für die Deutsche
Sprache, Köln 2000.

[18] Zit. bei *Wolfgang Schulz*, Gewährleistung kommunikativer Chan-
cengleichheit als Freiheitsverwirklichung, Baden-Baden 1998, Vorwort.

7. Das Hin und Her: Briefwechsel zwischen Autor und Verlag

Der Veröffentlichung eines Buches geht, sofern dieses nicht in Form eines echten Selfpublishing entstanden ist, ein in manchen Fällen sehr intensives, in anderen Fällen weniger intensives Kommunizieren zwischen Autor und Verlag voraus, sei es in der klassischen – aber auch heute noch durchaus gebräuchlichen – Form des Briefwechsels, sei es per Telefon oder mit den Mitteln der neueren Informationstechnik (IT), insbesondere also durch den Austausch von E-Mails. Die Intensität der Kommunikation zwischen Autor und Verlag richtet sich entweder nach der Kompliziertheit des Buchprojektes oder nach dem Grad der Beziehungen zwischen Autor und Verleger (oder nach beidem). Handelt es sich bei dem Verlag um ein kleineres Unternehmen, so erhält der Autor die Chance eines persönlichen Kontaktes zu dem Verleger eher als wenn das Buchprojekt in einem großen Verlag oder gar in einer Verlagsgruppe erscheint. Auch ist ein Erfolgsautor für den Verleger naturgemäß eine interessantere Figur als ein nicht erfolgreicher Autor.

Wie intensiv die Beziehung zwischen dem einzelnen Autor und seinem Verleger ist, mag äußerlich die Wahl der Anredeform des ‚Sie‘ oder des ‚Du‘ erkennen lassen, obwohl insoweit auch Generationenunterschiede (früher mehr ‚Sie‘, heute mehr ‚Du‘) zu beachten sind, wie auch Unterschiede zwischen Wissenschaft und Belletristik. Liegt man mit der Vermutung falsch, dass in der Regel – also von Ausnahmen

abgesehen – das Verhältnis zwischen wissenschaftlichen
Autoren und ihren Verlegern weniger eng ist als das zwischen vielen (gewiss nicht allen) Autoren in der Belletristik
zu deren Ansprechpartnern? Offenbar ist der Wissenschaft
eine gewisse Kühle oder zumindest Distanziertheit eigen.
Jedenfalls kenne ich wissenschaftliche Autoren, die in ihrem
ganzen Leben ihren Verleger nur ein einziges Mal gesehen
haben – wenn überhaupt vielleicht anlässlich der Über-
reichung einer Festschrift[1] oder bei einem Verlagsjubiläum
oder anlässlich der Verabschiedung des Cheflektors. Der
Wissenschaftler als Trauzeuge bei der Hochzeit seines Verlegers oder als Pate bei der Taufe eines Verlegerkindes oder
auch nur als Gast bei einem Geburtstag seines Verlegers:
Das mag in der Wissenschaftsszene gelegentlich vorkommen, aber – wenn überhaupt – als Rarität. Der wissenschaftliche Autor ist Vertragspartner seines Verlegers, aber kein
mit ihm auf ‚Du‘ stehender persönlicher Freund.

Diese Erfahrung eines Wissenschaftlers aus einem langen
akademischen Leben und als Vertragspartner nicht ganz
weniger Verlage sollte nicht als Klagelied missverstanden
werden; denn es könnte ja immerhin die Frage gestellt
werden, ob geschäftliche Beziehungen (und darum handelt
es sich beim Verhältnis zwischen Autor und Verlag in erster
Linie, wenn auch nicht ausschließlich) mit persönlicher
Freundschaft verquickt werden sollten oder besser nicht.
Der Schriftsteller Ralf Rothmann, Autor bei Suhrkamp, hat
dazu unter der Überschrift „Hüte Dich vor der Zuneigung
von Verlagsleuten! Ein Rat, den ich nie beherzigt habe:

---

[1] Zur Inflation von Festschriften – wie erwartet ohne Gehör zu
finden – s. *Ingo v. Münch*, Das Festschriftwesen und -unwesen, in: NJW
2000, S. 3253 ff. Positiver dazu *Helmuth Schulze-Fielitz*, Festschriften im
Dienst der Wissenschaft, in: DVBl 2000, S. 1260 ff.

Erinnerungen an meinen Verleger Siegfried Unseld" den
Ratschlag eines älteren Kollegen, Freundes und Mentors
zitiert: „Und hüte dich vor der Zuneigung von Verlagsleuten. Sie können niemals deine Freunde sein, jedenfalls
nicht vorbehaltlos. Du gibst dich hin – doch sie werden dich
immer fallenlassen, wenn es die Verlagsräson erfordert";
daran angeschlossen Rothmanns (von ihm verneinte) Frage:
„Stimmt es also, daß es ungetrübte Freundschaft auf Augen-
höhe zwischen Autor und Verleger nicht geben kann? Ich
weiß es nicht – und es wäre mir auch egal."[2] Die von Ralf
Rothmann aufgezeichneten Erinnerungen an seinen Verleger Siegfried Unseld zeugen von großer Sympathie, wenn
nicht sogar von persönlicher Freundschaft.

Auch Freundschaften sind aber nicht immer frei von Kri-
sen. Wichtige Dokumentationen der Beziehungen zwischen
Autor und Verleger finden sich in Briefwechseln zwischen
ihnen. Etliche solcher Briefwechsel sind veröffentlicht und
bieten, wie zum Beispiel der Briefwechsel zwischen Alfred
Kubin und seinem Verleger Reinhard Piper[3], interessante
Zeugnisse nicht nur des persönlichen Verhältnisses, son-
dern auch des politischen, kulturellen und ökonomischen
Umfeldes. Gewiss nicht die Regel, aber vielleicht auch keine
Ausnahme sind Beschimpfungen wie in dem von Volker
Weidemann zitierten Brief von Klaus Mann an seinen Ver-
leger: „Ich weiß nicht, was mich mehr frappiert, die Nied-

---

[2] In: FAZ Nr. 231 v. 5.10.2006, S. 46.
[3] Alfred Kubin / Reinhard Piper, Briefwechsel 1907–1953. Hrsg. von
Marcel Illetschko und Michaela Hirsch, München 2010. – Andere Beispiele (aus früherer Zeit): Gustav Freytags Briefe an die Verlegerfamilie
Hirzel. Hrsg. und kommentiert von Margret Galler und Jürgen Man-
toni, Bd. 1: 1853–1864; Bd. 2: 1865–1877; Bd. 3: 1877–1895, Berlin 1994;
1995, 2000; Hermann Hesse – Peter Suhrkamp, Briefwechsel 1945–1959.
Hrsg. von Siegfried Unseld, Frankfurt a. M. 1969.

rigkeit Ihrer Gesinnung oder die Naivität, mit der Sie diese zugeben."[4]

Alle vorhandenen Briefwechsel zwischen Autoren und Verlegern zu erfassen und auszuwerten ist, selbst soweit diese Briefwechsel publiziert worden sind, schier unmöglich. Im folgenden wird deshalb nur auf eine dieser vielen Dokumentationen Bezug genommen, einmal weil die Publikation neueren Datums ist, zum anderen wegen der Personen und des Verlages der Handlung: Die Rede ist von dem von Raimund Fellinger und Katharina Pektor herausgegebenen, im Suhrkamp Verlag erschienenen Band ‚Peter Handke – Siegfried Unseld. Der Briefwechsel'.[5] Der Band umfasst 600 Schriftstücke, die aus der Zeit zwischen 1965 und 2002 datieren. Das Hin und Her der ausgiebigen Korrespondenz umfasst ein breites Spektrum von Wünschen, Forderungen, Anregungen, Fragen, Informationen und anderem mehr, nicht frei auch von Banalem und Eitelkeiten. Auffallend oft geht es in diesem Briefwechsel um finanzielle Dinge, vor allem um Vorschüsse und um die Höhe des Autorenhonorars. Diesbezügliche Probleme im Verhältnis zwischen Autoren und Verlegern sind allerdings nicht neu. Über Ludwig Tieck wird berichtet, dass im Jahre 1809 „Tiecks Vermögen gleich Null war, daß er aber beim Verleger Reimer 500, beim Verleger Zimmer 300 und beim Verleger Dieterich 400 ‚Reichsthaler' Schulden hatte".[6] Der

---

[4] *Volker Weidemann*, Lichtjahre. Eine kurze Geschichte der deutschen Literatur von 1945 bis heute, Köln 2006, S. 18.

[5] Peter Handke – Siegfried Unseld. Der Briefwechsel. Hrsg. von Raimund Fellinger und Katharina Pektor, Berlin 2012 (mit einem Nachwort von drei Verfassern und mit zahlreichen editorischen Anmerkungen).

[6] *Günter de Bruyn*, Die Finkensteins. Eine Familie im Dienste Preußens, 2. Aufl. München 2004, S. 177.

Schriftsteller Herman Bang beklagte sich über seine finanziellen Kalamitäten auf einer Reise in die USA in einem Brief aus New York vom 25. Januar 1912 an seinen Verleger Samuel Fischer: „Habe aber kaum gewagt zu essen. Habe nicht gewagt ein Theater zu besuchen – Und doch, wie ist es anders möglich? ist das Geld so zusammengeschmolzen, daß ich die Reise nicht fortsetzen *kann*, wenn Sie nicht das Geld nach S. Francisco drahten – telegraphieren … Ich bin verzweifelt. Ihr Freund Herman Bang.“[7] Rainer Maria Rilke erbat in einem Brief an seinen Verleger „ein gewisses (nicht über normales) geldliches Entgegenkommen“.[8] In den Tagebüchern von Thomas Mann findet sich ein Eintrag vom 12. IV. 1951: „Brief K's an Bermann wegen des unheimlich ausbleibenden Copy-Rights und wegen des Ausbleibens der deutschen Honorare. Finanzielle Beengung“[9], und ein Eintrag vom 14. XI. 1951: „Gestern auch Brief an Bermann über die Reduktion meiner Tantieme wegen Papierteuerung“.[10] Die Klagen über verschlossene (Brief-)Taschen der Verleger sind Legion und selbst in Romanen ein Sujet wie in Sten Nadolnys ‚Entdeckung der Langsamkeit‘: „Am Zaun stand Spavens, der Einbeinige, der ein Buch mit Seemanns-

---

[7] Zit. bei Herman Bang. Eines Dichters letzte Reise. Hrsg. von Joachim Kersten, Hamburg / Zürich 2009, S. 107. Der verzweifelte Brief war allerdings immerhin im Hotel Astor geschrieben.

[8] Zit. bei *Siegfried Unseld*, Der Autor und sein Verleger, Frankfurt a. M. 1985, S. 173, mit dem Kommentar: „Es sollte uns wirklich zu denken geben, daß zwei Große der deutschen Dichtung, Rilke und Kafka, nicht von den Erträgnissen ihrer Arbeit leben konnten.“

[9] *Thomas Mann*, Tagebücher 1951–1952, 3. Aufl., Frankfurt a. M. 2002, S. 46.

[10] *Thomas Mann*, Tagebücher (Anm. 9), S. 135. Dort auch der Eintrag vom 21. XI. 1951: „Abrechnung von Bonnier mit einem Saldo von annähernd 300 Dollars für 1950. Besser als nichts.“ (S. 138).

erinnerungen geschrieben hatte. ‚Das Geld verreckt!' ver-
kündete er. ‚Alles ist doppelt so teuer, und mein Verleger
stellt sich taub.'"[11]

Die Realität war und ist, dass nicht alle Verleger ihre Autoren zappeln lassen. Als Schiller seinem Verleger Göschen
im Februar 1802 mitteilte, er gedenke in Weimar „zu leben
und zu sterben", steuerte der „stets spendable Cotta" ein
Viertel des Kaufpreises für die bereits einen Monat später
erworbene Immobilie bei.[12] Großzügig verhielt sich aber
auch Siegfried Unseld in finanziellen Fragen gegenüber
Peter Handke. Als Peter und Libgart Handke ein Haus in
Kronberg am Taunus kauften, half Unseld freigebig bei der
Finanzierung[13] wie weiland Cotta seinem Autor Schiller.
Als Handke mit dem Haus nicht glücklich wurde, wurde
von ihm ein Wohnungskauf in Wien ins Auge gefasst; aus
den editorischen Anmerkungen dazu ergibt sich, dass Suhrkamp dafür 300.000 DM in Aussicht stellte (unter dem Vor-
behalt der Klärung der steuerlichen Modalitäten).[14]

Nicht um Haus oder Wohnung sondern um profane Fi-
nanzen ging es in nicht wenigen Briefen, etwa wenn Handke
schreibt: „Ich überlege noch mit dem deutschen Konto. Vor-
derhand aber brauche ich Geld, und ich bitte, mir einmal
20.000 Mark auf mein Salzburger Konto zu überweisen."[15]
„Und eines Tages möchte ich mit Dir in Ruhe über die
Taschenbuch-Prozente reden. Ich finde deren Anhebung

---

[11] *Sten Nadolny*, Die Entdeckung der Langsamkeit. Roman, 12. Aufl.
München Zürich 1988, S. 38.
[12] *Kirsten Jüngling / Brigitte Roßbeck*, Schillers Doppelliebe. Die Len-
gefeld-Schwestern Caroline und Charlotte, Berlin 2005, S. 223.
[13] Briefwechsel (Anm. 5), passim, z. B. S. 393.
[14] Briefwechsel (Anm. 5), S. 608.
[15] Briefwechsel (Anm. 5), S. 393.

am Platze."[16] Erfreulich war es für den Autor gewiss, wenn er in einem Brief seines Verlegers aus dem Jahr 1991 lesen konnte: „Wir haben in unserem letzten Gespräch vereinbart, daß wir vielleicht mit Wirkung vom 1. Januar 1992 an Dich à conto Deiner Honorare eine monatliche Zahlung von DM 12.000 leisten."[17] Im Oktober 2001 schrieb Unseld an Handke: „Gerne überweisen wir Dir bis zum 15. November ein Teilhonorar von DM 100.000 als Vorauszahlung des garantierten Honorars für 50.000 Exemplare";[18] einige Jahre vorher hatte der Suhrkamp Verlag als Vorschuss für Handkes Buch ‚Mein Jahr in der Niemandsbucht' an den Autor 300.000 DM überwiesen.[19]

Von einem solchen Vorschuss [!] kann ein wissenschaftlicher Autor normalerweise nicht einmal träumen, ein nicht so prominenter Autor wie Peter Handke vermutlich auch nicht. Aber was soll man erst sagen, wenn man liest: „Meldungen der britischen Tagespresse zufolge waren die Stellenstreichungen, die kürzlich beim Londoner Ableger von HarperCollins erfolgten, die unmittelbare Folge des gewaltigen Vorschusses, den man in Höhe von 32 Millionen Pfund an Jeffrey Archer gezahlt hatte und prompt in den Wind schreiben musste."[20] Das vor einigen Jahren in Cambridge umlaufende Gerücht, der Historiker Richard Evans habe für seine dreibändige Geschichte des Dritten Reiches ein Honorar von einer Million Pfund erhalten[21], macht sich

---

[16] Briefwechsel (Anm. 5), S. 585.
[17] Briefwechsel (Anm. 5), S. 595.
[18] Briefwechsel (Anm. 5), S. 720.
[19] Briefwechsel (Anm. 5), Editorische Notiz S. 622.
[20] *André Schiffrin*, Verlage ohne Verleger. Über die Zukunft der Bücher, Berlin 2001, S. 74.
[21] *Caspar Hirschi*, Die Freuden des freien Schriftstellerberufs. Helden der Aufklärung leben von der Feder in den Mund: Zwei gelehrte

demgegenüber geradezu bescheiden aus; es zeigt allerdings auch, dass sich mit dem Dritten Reich noch immer viel Geld verdienen lässt.

In den Briefwechseln zwischen Autoren und Verlegern geht es jedoch erfreulicherweise nicht nur ums liebe Geld. Fragt ein Autor seinen Verleger, wie viel Exemplare seines Buches inzwischen verkauft seien, wie Peter Handke in einem Brief an Siegfried Unseld vom 15. Juni 1975: „… Wie viel sind denn mit heute verkauft? Ein Autor möchte das gierig wissen"[22], so hat diese Neugier wohl nicht nur einen finanziellen Hintergrund, sondern sie fragt auch nach der Aufnahme des betreffenden Buches und damit nach der Wertschätzung des Autors. Der Verleger ist eben nicht ausschließlich der erhoffte Mr. Moneymaker (entsprechend der im Zuge der Eurokrise hintersinnigen alten Schlagerzeile: „Es fährt auf seiner Troika Mr. Moneymaker mit der Balalaika"). So mancher Autor sieht in seinem Verleger vielmehr auch einen Seelendoktor und Bundesgenossen[23], der ihm – dem, wie er von sich meint, verkannten Autor – als Vertrauensperson bei Enttäuschungen und Ärger beistehen soll.

Bücher illustrieren die Macht dieser Ursprungslegende des literarischen Marktes, in: FAZ Nr. 197 v. 26.8.2010, S. 32.

[22] Briefwechsel (Anm. 5), S. 291; in einem Brief vom 12. Oktober 1976: „… Es wäre schon ganz freundlich, wenn ich einmal die Verkaufszahlen erfahren könnte" (a.a.O. [Anm. 5], S. 310). Eine indignierte Bemerkung des Verlegers findet sich in Unselds Reisebericht aus Paris vom 20./21. November 1975: „… Sonst eher Freundliches; er fragte zum ersten Mal nicht nach den Absatzziffern seiner Bücher, obschon ich diese parat hatte" (a.a.O. [Anm. 5], S. 296).

[23] In den – allerdings wohl nicht verallgemeinerungsfähigen – Worten von Siegfried Unseld: Der Verleger müsse „immer und zu jeder Zeit für Persönliches zur Verfügung stehen; er ist dann so etwas wie literarische Hebamme, Analytiker, Geschäftsmann und Mäzen" (*Siegfried Unseld* (Anm. 8), S. 52).

Besonders deutlich wird dies, wenn der Autor sich bei seinem Verleger über aus seiner Sicht ungerechte, kritische Rezensionen beschwert. Auch hierfür finden sich in den zwischen Peter Handke und Siegfried Unseld hin- und hergegangenen Briefen nicht wenige Beispiele. So beschwert Handke sich über Besprechungen seines Romans ,Die Hornissen' in seinem Brief an Unseld vom 20. Juni 1966 unter anderem mit den klagenden Sätzen: „… Wie ist es nur möglich, daß das Buch Leuten zur Besprechung gegeben wird, die von vornherein voreingenommen sind und sich nicht einmal die Mühe geben, das zu verbergen. Diese unsensibel, unintelligent, gehässig geschriebenen Kritiken, die nun Mode zu werden scheinen, hat mein Buch nicht verdient, trotz der Schwächen, die ich mir gern nachsagen lasse, wenn sich die Besprechung dem Niveau meines Buches anpasst … Ich frage nun nicht nur mich, sondern auch Sie, weil ich Vertrauen habe, was ich tun könnte. Ich möchte zeigen, daß die Urteile in der ,Zeit' und in der ,Welt' verlogen und leichtfertig sind, sehe aber keinen Weg. Gern würde ich einen ,großen' Artikel gegen all diese Kritiker schreiben, die die Konsumliteratur, zum Beispiel die Romane eines Günter Grass, zur literarischen Norm erheben wollen."[24] Siegfried Unseld versucht, den erbosten Autor zu beruhigen; der Verleger antwortet in einem Brief vom 22. Juni (also nur Tage später): „… Es ist völlig sinnlos, auf Kritiken direkt zu reagieren. Jeder Kritiker hat das Recht, seine Meinung zu äußern, und insofern sie nicht ehrenrührig ist, ist jeder, der an die Öffentlichkeit tritt, angehalten, diese Kritik auch anzunehmen. Inwiefern sie in den einzelnen sachlichen Punkten zutrifft, ist eine ganz andere Frage. Ich möchte

---

[24] Briefwechsel (Anm. 5), S. 34/35.

Ihnen also dringend raten, ja, ich flehe Sie an, nichts gegen
diese Kritiken zu schreiben, am besten überhaupt nicht auf
sie zu reagieren … Wir werden sehr darauf bauen, daß die
Wirkung Ihres Buches länger besteht als die solcher Kritiken in den Tagesjournalen …"[25]

Siegfried Unseld stand mit diesem Rat nicht allein. Tilman Jens erwähnt in seiner Antwort auf die Frage, was ein
souveräner Umgang des Autors mit seinen Kritikern sei, den
seinem Vater Walter Jens von Ernst Rowohlt gegebenen Rat:
„Nie reagieren."[26] Tilman Jens selbst hat diesen Rat allerdings nicht befolgt, sondern die Kritiker seines Buches über
seinen dementen Vater in einem weiteren Buch scharf an-
gegriffen.[27] Auch Peter Handke beherzigte den vernünftigen
Rat seines Verlegers nicht. In einem Brief vom 6. Januar 1978
schreibt Handke an Unseld: „… in meinem Kopf schwebt
eine Idee, parallel zum Taschenbuch, selbstverständlich in
einem gesonderten Band, den Kampf mit der Kritik auf-
zunehmen. Man würde also Kritiker Kritiken kritisieren
lassen. Ein nicht ungefährliches Unternehmen natürlich,
wenn das aber gut gemacht ist, so könnte das eine kleine
Sensation sein …".[28] Das Projekt wurde nicht realisiert –

---

[25] Briefwechsel (Anm. 5), S. 39. – Ähnlich auch die Einstellung von
Martin Walser: „Lachen und schweigen ist das Beste, was sich in einem
solchen Fall tun läßt. Man muß auch ein bisschen Gestank vertragen"
(zit. bei *Siegfried Unseld* [Anm. 8], S. 350).

[26] Zit. in: Ich bin dem Mann unglaublich dankbar. Ein Gespräch mit
Tilman Jens über sein Buch ‚Vatermord. Wider einen Generalverdacht'
(Interview), in: FAS Nr. 25 v. 27.6.2010, S. 11 (Die Fragen stellte Cornelia
von Wrangel). Tilman Jens sagt zu diesem Rat: „Das ist weise, aber an
einem Punkt gerät die Weisheit an ihre Grenzen."

[27] *Tilman Jens*, Vatermord. Wider einen Generalverdacht, Gütersloh
2010.

[28] Briefwechsel (Anm. 5), S. 333.

die Sensation blieb aus. Die Kritik an kritischen Rezensenten blieb. Siegfried Unseld notiert in seiner Chronik nach einem Treffen mit Peter Handke in Königstein 1979: „Dann seine Wünsche: kein Klappentext, keine übliche Werbung, keine Anzeigen mit blöden Texten, wenn, dann nur mit den eigenen, Verbot aller Rezensionen, insbesondere von M. R.-R. …“.[29] Das Kürzel M. R.-R. steht hier für Marcel Reich-Ranicki. Wer denkt hier nicht an André Ehrl-König in Martin Walsers Roman ‚Tod eines Kritikers‘[30], der – so der Klappentext[31] – „den größten Literaturskandal der letzten Jahrzehnte“ auslöste? Geradezu milde wirkt demgegenüber die in dem Roman ‚Bettermann‘ von Konstantin Richter zitierte Äußerung über das Wirken eines Literaturkritikers als Feuilletonist: „Aber irgendwann würde noch der letzte Buchhalter begreifen, dass kein Mensch überprüft, warum er den einen Roman als ‚Effekthascherei‘ verbucht und den nächsten als ‚fulminanten Parforceritt‘.“[32]

Berechtigte und unberechtigte kritische Rezensionen haben immerhin und jedenfalls eines gemeinsam: Sie neh-

---

[29] Briefwechsel (Anm. 5), S. 367. Das Kürzel M. R.-R. steht für Marcel Reich-Ranicki, den Handke mit der Bezeichnung „des übelsten Monstrums, das die deutsche Literaturbetriebsgeschichte je durchkrochen hat“ bedachte (Briefwechsel [Anm. 4], S. 431); und dem er vorwarf, seine Rezension des Buches ‚Langsame Heimkehr‘ sei „nackter Vernichtungswille“ gewesen (zit. im Interview von Sven Michaelsen und Malte Herwig mit Peter Handke ‚Mein Grabspruch ist: „Bin hinten“‘, in: Die Weltwoche Nr. 46, 2012, S. 60).

[30] *Martin Walser*, Tod eines Kritikers. Roman, Frankfurt a. M. 2002 (Taschenbuchausgabe: 2. Aufl. Reinbek 2011).

[31] Zu Klappentexten allgemein: *Roberto Calasso*, Das unendliche Buch. Der Klappentext als Brief an den unbekannten Leser, in: NZZ Nr. 47 v. 25./26.3.2006, S. 63.

[32] *Konstantin Richter*, Bettermann. Roman, Frankfurt a. M. 2009, S. 10.

men eine Neuerscheinung wahr und stellen sie der Öffentlichkeit vor. So gesehen kann ein Verriss sich für den Autor positiver auswirken als ein Stillschweigen.[33] Das kritische Problem des Rezensionswesens liegt vor allem darin, dass jedenfalls in den großen Tageszeitungen, Wochenzeitschriften und Magazinen (und erst recht in den wenigen Literatursendungen in Hörfunk und Fernsehen[34]) nur ein verschwindend kleiner Bruchteil der Neuerscheinungen besprochen wird. Den Umgang eines Feuilletonisten mit unrezensierten Rezensionsexemplaren beschreibt Martin Mosebach in einer Ortsbeschreibung so: „Es gab da auch einen kleinen Eßtisch, der zur Hälfte immer noch mit eingeschweißten Rezensionsexemplaren bedeckt war, die er zweimal im Jahr, ohne sie eines Blickes gewürdigt zu haben, von einem Antiquar abholen ließ.“[35] Der Rezensionsmarkt hat im Übrigen seine eigenen Gesetze: Trügt der Eindruck, dass Neuerscheinungen einiger weniger Großverlage häufiger besprochen werden als Neuerscheinungen von kleineren Verlagen, dass es Zitierkartelle gibt, dass auch im Rezensionswesen nach dem Urteil der *political correctness* sortiert

---

[33] Eine Untersuchung des Wirtschaftswissenschaftlers Jonah Berger von der University of Pennsylvania kam zu dem Ergebnis, dass unbekannte Autoren sogar von negativen Besprechungen profitierten: Ihre Verkaufszahlen stiegen nach der Besprechung um 45 Prozent (Notiz in: FAS Nr. 21 v. 27.5.2012, S. 53).

[34] Als „Deutschlands erfolgreichste Literatursendung“ wurde das ‚Literarische Quartett‘ bezeichnet; zur Erfolgsstory des im ‚Literarischen Quartett‘ hoch gelobten Buches von Ruth Klüger ‚Weiter leben‘ und ihres Verlages s. *Anne Buhrfeind*, Verlage und Buchhandel in Deutschland, in: Alexander von Humboldt-Magazin 67/1996, S. 3 f.

[35] *Martin Mosebach*, Eine lange Nacht. Roman, Berlin 2003, S. 260/261.

wird, und dass nicht selten die erste Rezension den Takt
angibt, nach welchem die folgenden Rezensenten tanzen?[36]

Wird allerdings ein neuerschienenes wissenschaftliches
oder nichtwissenschaftliches Buch eines Autors nicht oder
nur selten rezensiert, so setzt der Autor seine Hoffnung auf
Aktivitäten des Verlages selbst, etwa auf die Präsentation
des Buches auf einer der großen Buchmessen. Jedenfalls
den wissenschaftlichen Autor sollte man allerdings vor
allzu großen diesbezüglichen Erwartungen warnen, wie
der folgende Auszug aus dem Brief eines Verlegers an einen
seiner Autoren zeigt: „Herzlichen Dank für Ihren Brief vom
1. November. Leider ging Ihr Wunsch, dass wir mit prall-
gefüllten Auftragsbüchern von Frankfurt zurückkommen,
nicht in Erfüllung. Aber damit konnten wir auch schon in
früheren Jahren nicht rechnen, weil die Frankfurter Bücher-
schau traditionell weniger eine Verkaufsmesse als ein Platz
zur Selbstdarstellung ist."

Traditionell klingt auch alljährlich der Briefwechsel zwischen Verleger und Autor aus. Zu Weihnachten kommt vom
Verleger ein Buch oder ein Büchlein oder ein Kalender oder
auch nur eine gedruckte Karte mit den üblichen Grüßen

---

[36] S. dazu den Tagebucheintrag von Fritz J. Raddatz: „Der erste Verriss nun heute in der SZ, nicht ‚knallend‘, aber als erste Reaktion auf ein
Buch was Negatives" (*Fritz J. Raddatz*, 1982–2001 Tagebücher, Reinbek
2010, S. 36; dort auch die Feststellung, das Verhältnis zwischen Autor
und Kritiker „ist so gründlich zerrüttet wie noch nie", S. 125). – Zum
Thema Literaturkritik allg. s. *Magnus Klaue*, Das Primäre in der Se-
kundärliteratur. Während der Blütezeit der bürgerlichen Epoche war
die Rezension eine eigenständige Textform, die hohes Ansehen genoß.
Heute dient sie oft nur noch dazu, die Unlust an der Unübersichtlichkeit abzubauen, in: FAZ Nr. 115 v. 18.11.2011, S. N 5; *Kristina Maidt-
Zinke*, Sehnsucht nach Polemik. Mit Biss: Schriftsteller und Kritiker
trafen sich in Hamburg, in: SZ Nr. 100 v. 3.5.2010, S. 14.

und guten Wünschen an die Adresse des Autors. Der Empfänger denkt an frühere Zeiten zurück: Er erinnert sich an
drei Flaschen Wein oder an eine Flasche Olivenöl oder an
eine andere Gabe – tempi passati. Entweder sind die Aktien
des Autors beim Verlag gefallen oder die Ertragslage des Verlages hat sich verschlechtert oder der Verlag hat inzwischen
zu viele Autoren unter Vertrag, die er nicht alle beschenken
kann. Immerhin reicht es bei vielen Verlagen noch zu einer
‚Weihnachtsaktion‘, mit einem Sonderangebot, das an Aldi
oder an Lidl erinnert, und auf das mit einem Schreiben
wie dem folgenden hingewiesen wird: „Liebe Autorinnen,
liebe Autoren, bevor sich das turbulente Jahr … dem Ende
zuneigt, möchten wir Sie gerne auf unsere Weihnachts-Ak-
tion hinweisen. Wie bereits in den letzten Jahren bieten
wir unseren Autoren die einmalige Gelegenheit, alle Titel
der Verlage [es folgen deren Namen; d. Verf.] mit einem
Sonderrabatt von 50 % zu erwerben. Dieses Angebot gilt
für alle Bestellungen, die bei uns bis zum 24. Dezember …
eingehen. Einen guten Überblick über alle Titel erhalten Sie
auf unseren Internetseiten …“ Na ja, denkt der Autor: Das
war’s also – der Briefwechsel mit seinem Verleger. Und was
wünschen sich beide – Autor und Verleger – nicht nur zu
Weihnachten? Vielleicht ‚Das vollkommene Buch‘, das Friedrich Nietzsche schreiben wollte.[37] Weil aber dieser Wunsch
unerfüllt bleiben muss, bleibt es bei der Feststellung, es sei
„die Klage der Autoren über die untätigen Verlage ebenso
alt wie die Klage der Verlage über die unfähigen Autoren.“[38]

---

[37] Die dafür von Nietzsche festgelegten Richtlinien sind nachzulesen
und kommentiert bei *Heinz Schlaffer*, Das entfesselte Wort. Nietzsches
Stil und seine Folgen, München 2007, S. 51.
[38] *Hannes Hintermeier*, Ach war das schön, als es noch Lektoren gab,
in: FAZ Nr. 95 v. 23.4.2012, S. 26.

II. Teil

Der Verlag und seine Autoren

von Georg Siebeck

Einleitung:
Die Vielfalt der Verlage
und die Vielfalt der Autoren

Meine Tochter fragte mich einmal, ich glaube, sie war damals zwölf Jahre alt: „Was machst Du denn eigentlich in dem Verlag, von dem wir so viel hören?" Ich erklärte ihr, dass ich aus den Manuskripten von Wissenschaftlern Bücher mache und die nachher so gut wie möglich verkaufe. „Woher weißt Du denn, ob Du die auch wirklich verkaufen kannst?", fragte sie sogleich nach. Ich erklärte ihr, dass ich das natürlich nicht genau wisse, dass ich aber vorher andere, meist erfahrenere Wissenschaftler frage, ob das Manuskript gut sei und ob sie denken, dass der Autor einmal eine wissenschaftliche Karriere machen könne. Dann würden sich nämlich seine frühen Bücher auch noch verkaufen und seine neuen erst recht. „Du spekulierst also!", stellte sie daraufhin fest, und ich gratulierte mir dazu, eine so scharfsinnige Tochter zu haben.

In der Tat ist ein Verlag im Grunde ein Spekulationsunternehmen, freilich eines der besonderen Art: Es legt nicht nur die vielfältigen Kosten bei der Entstehung eines Buches vor („Verlegen kommt von Vorlegen", pflegte mein Urgroßvater schon zu sagen), sondern es setzt vor allem vielfältige Mittel dafür ein, dass die Wahrscheinlichkeit des Verkaufes höher als nach der Normalverteilung wird.

Der Verlag als besondere Geschäftsform zwischen Produktion und Handel entstand beim Übergang vom Mittel-

alter in die Moderne, zunächst wohl in der oberitalienischen
Textilindustrie. Um die kostbaren Stoffe zu weben, bedurfte
es sehr teurer Rohstoffe, die sich die Weber nicht leisten
konnten. Die beschafften die Verleger und bezahlten die
Färber und Weber. Sie konnten das nur tun, weil sie sozusagen am anderen Ende über die überregionalen Vertriebs-
kanäle verfügten, um diese Stoffe dann auch zu verkaufen.
Und natürlich brauchten sie nicht nur vielfältige Kenntnisse
über die Stoffe, die sie verkauften, und über deren Märkte,
sondern sie mussten auch über erhebliches Kapital ver-
fügen, sei es über eigenes oder über Bankkredite.

Im Zuge der Industrialisierung ist das Verlagssystem fast
überall dem auf eine gleichmäßige Massenproduktion an-
gelegten Fabriksystem gewichen. Nur der ‚Bierverlag‘, der
den teuren Hopfen und auch die Gerste teilweise lange vor
der Ernte einkaufte und über Bierlieferverträge an Gast-
stätten den Absatz sicherstellte, hat sich noch bis ins 20.
Jahrhundert gehalten. Heute gibt es den Verlag fast nur
noch bei Büchern und Zeitschriften.

I.

Aus dem Gesagten ergibt sich, dass es für Verlage keine
typische Rechtsform oder Unternehmensgröße gibt: Vom
Nebenerwerb im Wohnzimmer bis zur Aktiengesellschaft
im Büroturm voller Mitarbeiter ist alles möglich. Im hier
besonders interessierenden Fall der Verlage für Wissen-
schaften konzentriert sich das aber bis auf einige internationale Riesenunternehmen, die vor allem im Bereich von
Naturwissenschaften, Technik und Medizin tätig sind, auf
Mittelbetriebe von etwa zehn bis tausend Mitarbeitern. Eine

gewisse Anzahl ist wegen der vielfältigen (und technisch immer diffiziler werdenden) Anforderungen nötig. Und wie auch sonst im Wirtschaftsleben sind in den ‚größeren‘ Fächern mit entsprechend größeren Absatzmärkten auch zumeist größere Verlage erfolgreich tätig.

In aller Regel sind die wissenschaftlichen Verlage ihrerseits recht spezialisiert. Die meisten von ihnen bedienen aber mehrere Fächer, um nicht der ‚Konjunktur‘ eines einzelnen Faches ausgesetzt zu sein. Manche bringen mehr Sachbücher für ein allgemeines Publikum, mehr praxisnahe Bücher für Fachleute, manche mehr Lehrbücher für Studenten und wieder andere mehr Forschungsliteratur für den Fortgang der Wissenschaft. Das sind jeweils sehr verschiedene Märkte, die auch jeweils verschiedene Verkaufsorganisationen erfordern. Der eine Verlag kann das eine besser, der andere das andere, wobei es zumeist kein objektives Besser oder Schlechter gibt, sondern eher überall ein Anders.

Im Ergebnis gibt es jedenfalls für jedes Fach eine ganze Anzahl Verlage, die sowohl um Autoren und deren Manuskripte wie auch auf den Verkaufsmärkten im Wettbewerb zueinander stehen. Als ein Teilnehmer empfinde ich diesen Wettbewerb durchaus als ein ‚Entdeckungsverfahren‘[1], das dafür sorgt, dass ein derart vielfältig organisiertes Verlagswesen einfallsreicher und rationeller arbeitet, als es ein zentrales, gar staatlich organisiertes könnte.

Für die Autoren, auch und gerade für die wissenschaftlichen Autoren, die ja hinsichtlich ihrer möglichen An-

---

[1] Den treffenden Ausdruck habe ich von einem der Autoren des Verlages ‚gestohlen‘, siehe: *F. A. von Hayek*, Der Wettbewerb als Entdeckungsverfahren (1968), in: *Ders.*: Rechtsordnung und Handelsordnung (Ges. Schr. A 4). Hrsg. von Manfred E. Streit, Tübingen 2003, S. 132–149.

stellung auf ziemlich gleichgeschaltete Arbeitgeber angewiesen sind, ist diese Vielfalt der Verlage ein kostbares Stück
Freiheit, das klug zu nutzen ich mit meinen Ausführungen
anregen möchte.

II.

Der Vielfalt der Verlage steht nun eine noch viel größere
Vielfalt der Autoren gegenüber. Selbst wenn wir uns hier
nur auf den Bereich der Wissenschaft konzentrieren, reicht
das vom frisch Promovierten, dem sein Doktorvater geraten
hat, sich doch um eine Publikation der Arbeit zu kümmern,
bis hin zu dem berühmten Meister seines Faches, der über
eine Ausgabe seiner gesammelten Werke nachdenkt. Sie
haben jeweils verschiedene Vorstellungen von ‚ihrem‘ Verlag im Kopf, und sie stellen auch in der Wirklichkeit sehr
verschiedene Anforderungen an diesen.

Ein junger wissenschaftlicher Autor wird vielleicht nicht
gerade umworben von Verlagen, zumal nicht von solchen,
die im oben erwähnten Sinne selbst in Vorlage treten wollen. Er sollte aber dennoch nicht verzagen, sich vor allem
nicht mit einer aus seiner Sicht zweiten oder gar dritten
Wahl zufrieden geben, ohne die erste versucht zu haben.
Bekanntlich soll man nie für andere Nein sagen.

Es ist in keiner Weise unehrenhaft, in einer Schriftenreihe
zu veröffentlichen, die der eigene Doktorvater herausgibt.
Ernstzunehmende Schriftenreihen haben fast immer mehr
als nur einen Herausgeber, und es ist auch durchaus so, dass
eine von dem einen Herausgeber vorgeschlagene Arbeit
von einem der anderen abgelehnt wird. Das hat dann in der
Regel die Ablehnung für die Reihe zur Folge, denn wenn in

der Titelei steht: „Herausgegeben von X und Y", dann kann
Y sich das ja nicht zurechnen lassen, wenn er nicht damit
einverstanden ist.

In aller Regel werden solche Ablehnungen nicht begründet. Das ist der Unterschied zu dem Verwaltungsakt
der Promotion. Ich habe es mir aber zur Regel gemacht,
jedenfalls den ganz jungen Autoren dann Hinweise aus dem
Verfahren zu geben, wenn sich diese aus meiner Sicht zur
Verbesserung seiner Chancen bei der Einreichung in einer
anderen Schriftenreihe eignen und wenn sie nicht einen der
Herausgeber in Verlegenheit bringen können.

Wer seine Habilitationsschrift fertiggestellt hat, hat sich
schon weitgehend für eine wissenschaftliche Karriere entschieden. Ihm muss es besonders angelegen sein, dass dieses
Werk, an dem er noch viele Jahre bei Berufungen gemessen
wird, in angemessener Weise veröffentlicht wird. Da seine
Berufungschancen sich in aller Regel verbessern, wenn das
Werk bereits in gedruckter Form vorliegt, wird ihm auch
an einer schnellen Drucklegung gelegen sein. Die stößt
aber dann auf Schwierigkeiten, wenn der Autor bereits
Vertretungen wahrnimmt oder wenn er gar bereits auf eine
Professur berufen wurde. Dann sind es die neuen Aufgaben,
die seine volle Aufmerksamkeit fordern, und das ‚alte Buch'
rückt in den Hintergrund. In solchen Fällen ist nicht nur
der Druck eines antreibenden ‚Habilitationsvaters' gefragt,
sondern auch ein Verlag, der mit einem realistischen Ar-
beits- und Fertigstellungsplan den nötigen ‚Sog' erzeugen
kann, damit die letzten Hürden zur Drucklegung über-
wunden werden können.

Wer es dann einmal so weit gebracht hat, wird alsbald
von Herausgebern, Lektoren und Verlegern umschwärmt
und mit Anfragen förmlich überschüttet, ob er nicht für

diese Lehrbuchreihe einen Titel übernehmen wolle oder
für jenen Kommentar einige Partien. Diese Verlagsobjekte
haben in der Regel größere Verkaufschancen als die sehr
eng geschnittenen Monographien vom Anfang der Karriere.
Deshalb sind die Verlage dahinter her, sie mit stets neuen
Inhalten zu füllen.

Für diese Art von Büchern werden in aller Regel auch
ordentliche Honorare bezahlt – meist abhängig vom Erfolg
der Bücher. Dieser Erfolg hat aber auch seine Kehrseite: Ein
erfolgreiches Lehrbuch, ein erfolgreicher Kommentar erfordern eine regelmäßige Neubearbeitung. Das kann dann
außer zur Freude auch zur Fron werden.

1. Die Annäherung:
Wie kommen Autor
und Verlag zusammen?

> Als Eugen Gerstenmaier, Bundestags-
> präsident, Theologe und passionierter
> Großwildjäger nach Bonn zurück-
> kam, fragte ihn Konrad Adenauer:
> „Wo kommen Sie denn her?" Antwort:
> „Aus Afrika." „Und was haben Sie da
> gemacht?" Antwort: „Löwen gejagt."
> „Wieviele haben Sie denn erlegt?"
> „Keine." Und darauf Adenauer: „Na
> bei Löwen ist das schon viel."
> Erzählt von Odo Marquard[1]

Der Rat eines erfahrenen Autors an einen noch unerfah-
renen war oben zu lesen.[2] Wie stellt sich diese Annähe-
rung aber aus der Sicht eines Verlegers dar? Grundsätzlich
möchte er einen zukunftsträchtigen Autor für sich und
seinen Verlag gewinnen, ihn sich jedenfalls nicht entgehen
lassen. Deshalb, so denke ich, hat selbst ein noch unbekannter Autor im Prinzip gute Karten in der Hand für das
schwierige Spiel des Suchens und Findens. Es kann aber
nicht schaden, wenn er sich dabei die Situation seines Ge-

---

[1] *Odo Marquard*, Schwierigkeiten beim Ja-Sagen, in: Theodizee –
Gott vor Gericht?, hrsg. von Willi Oelmüller, München 1990, S. 87–102,
102.

[2] Siehe *Ingo von Münch*, oben, insbesondere Seite 21 ff.

genübers klarmacht und insbesondere eine Vorstellung von dessen Seite des Spiels hat.

I.

Das Vertrackte an diesem Suchen und Finden ist, dass es unter beiderseitiger, großer Unsicherheit geschieht, und dass sich für beide meist erst viele Jahre später herausstellt, ob sich dabei die ,Richtigen' getroffen haben. Das ist wahrscheinlich der Grund dafür, dass für viele Autoren ein traditionsreicher Verlag im Prinzip vorzugswürdig ist. Der hat über viele Jahre hinweg gezeigt, dass er sein Geschäft versteht, und er kann auf eine ruhmreiche Liste von Autoren verweisen, die ihm vertraut haben. Aber ob er das Geschäft auch im Sinne des Autors versteht und insbesondere, ob er es *noch* versteht, lässt sich vermutlich besser anders als durch den Vergleich der Gründungsjahre herausfinden.

Ich gebe deshalb Autoren, wenn ich mich denn nicht selbst für den richtigen Verleger für ihr Buch halte, den Rat: „Gehen Sie in eine Buchhandlung und schauen Sie nach Büchern, die Ihnen gefallen und deren Autoren in Ihrem Fach angesehen sind, und notieren sie sich deren Verlage." Das ist zugegebenermaßen heute schwieriger geworden, nachdem es sehr viel weniger Universitätsbuchhandlungen gibt. Deshalb müsste ich den Rat vielleicht jetzt abwandeln und sie in die Bibliothek schicken. Dort fehlen dann aber meist die ganz neuen Bücher, weil sie bereits ausgeliehen oder weil sie noch nicht inventarisiert sind. Insofern ist dann ein Kontrollblick auf die Webseite des ausgeguckten Wunschverlages erforderlich. Meist finden sich dort auch die Kontaktpersonen oder Hinweise zu Einreichung von Manuskripten.

Häufig sind beide beraten von einem Vertrauten, der Autor beispielsweise von seinem Doktorvater und der Verlag vom Herausgeber[3] einer Verlagsschriftenreihe. Manchmal sind das ein und dieselbe Person. Das klingt, als ob unter diesen Umständen alles einfacher würde; es kann aber auch erst recht zu besonderen Komplikationen führen, beispielsweise wenn der Doktorvater dem Promovenden für die Veröffentlichung in ‚seiner‘ Reihe noch einmal neue Änderungsauflagen macht, oder wenn der Promovend gar lieber in einer ganz anderen Reihe veröffentlichen will. Mir sind da etliche Balanceakte in Erinnerung.

II.

Ein seriöser Wissenschaftsverlag wird vor einer Publikationsentscheidung grundsätzlich fachkundige Urteile einholen, und zwar zumeist mindestens zwei. Bei Qualifikationsschriften geschieht das in der Regel durch die Herausgeber der entsprechenden Schriftenreihen. Diese stehen in der Regel in der Titelei der einzelnen Bände, bürgen also mit ihrem Namen für die Qualität. Wenn dort mehrere stehen, oder wenn außer dem Herausgeber noch ein Beirat genannt ist, ist das meistens auch die komplette Liste derjenigen, die das eingereichte Manuskript zur Einsicht bekommen. Genauer ansehen werden es sich unter diesen vielen aber meist nur zwei; die anderen werden deren Voten folgen, es sei denn, sie haben Zweifel. Wenn nur ein Herausgeber genannt wird, wird auch dieser meist

---

[3] Mehr zu den vielfältigen Funktionen von Herausgebern unten auf Seite 113 ff.

noch mindestens einen anonym bleibenden Gutachter fragen. Wenn hingegen gar kein Herausgeber genannt wird, kann es sein, dass der Verlag von sich aus anonyme Gutachter fragt; es kann aber auch sein, dass der Verlag ‚aus der Hand' selbst entscheidet. Das kann ein besonderes Qualitätssignal sein, weil solch eine Reihe ‚protektionsfrei' geführt werden kann; es kann aber auch ein Zeichen dafür sein, dass gar keine weitere Qualitätskontrolle stattfindet.

Festzuhalten ist, dass mit der Einreichung eines Manuskriptes in eine seriöse Schriftenreihe ein aufwendiger und weitgehend von ehrenamtlich Tätigen betriebener Prozess angeworfen wird. Die vermeintlich schlaue Strategie, sich bei mehreren Verlagen bzw. Schriftenreihen parallel zu bewerben, womöglich ohne das zu erwähnen, kann sich deshalb leicht als sehr nachteilig erweisen. Die Gutachter, die sich Zeit für das Manuskript genommen haben, sind nicht sehr amüsiert, wenn ihnen ein junger Autor – und sei es indirekt – nachher die Nase zeigt und doch anderswo hingeht. Übrigens kann es ja auch sein, dass der konkurrierende Verlag denselben Gutachter fragt! Im Gegenzug sollte der Verlag oder der Herausgeber, der ein solches Manuskriptangebot erhält, wenigstens eine ungefähre Zeitschätzung abgeben, bis wann über Aufnahme oder Ablehnung entschieden wird.

Es sollte aber auch verständlich sein, dass die Herausgeber und Gutachter Einblick in die Gutachten und Zeugnisse erhalten möchten, die die entsprechende Arbeit im akademischen Verfahren bekommen hat. Das ist durchaus im Sinne des Einreichenden, denn dadurch wird die Durchsicht erheblich beschleunigt. Obendrein gebietet es der Respekt vor den akademischen Institutionen, dass ein Verlag für Wissenschaft deren Entscheidungen und

Bewertungen zumindest zur Kenntnis nimmt, bevor er seine eigenen trifft – die durchaus nicht immer identisch sein müssen.

Im Zeitalter der elektronischen Kommunikation ist die Versuchung groß, das Manuskript ‚nur' als Datei zu schicken. Ich muss gestehen, dass ich da altmodisch bin und mir lieber ein papierenes Manuskript ansehe. Das Herumblättern und stückweise Festlesen funktioniert so besser und intensiver. Es geht auch vielen mir bekannten Herausgebern. Zumindest diejenigen, die sich ein Manuskript genauer ansehen, bevorzugen die Papierform und sind nicht unbedingt begeistert, wenn sie dazu erst ihren eigenen Drucker anwerfen müssen. Das elektronische Format hat hingegen dann große Vorteile, wenn das Manuskript an einen größeren Kreis von Herausgebern zur kursorischen Durchsicht, etwa zur Überprüfung der Voten der intensiv lesenden Herausgeberkollegen, verteilt werden soll. Dann ist aber zur Beurteilung das PDF-Format das Mittel der Wahl: So ist die Wahrscheinlichkeit am höchsten, dass der Empfänger auch genau das zu sehen bekommt, was der Absender verschickt hat. Andere Formate bieten in dieser Hinsicht, zumal bei Sonderzeichen und Fremdalphabeten, sehr ärgerliche Überraschungen.

III.

Wenn die Entscheidung von Seiten des Verlages gefallen ist, bekommt der Autor bestenfalls ein Verlagsangebot, das eventuelle Änderungsauflagen oder -vorschläge der Herausgeber oder des Verlages enthalten kann, das aber jedenfalls die weiteren Schritte zur Veröffentlichung beschreibt, einen

groben Terminplan enthält und vor allem die zu treffenden
Vereinbarungen vorschlägt.

In dem Zusammenhang werden bei Qualifikationsschriften wegen der geringen Absatzmöglichkeiten häufig auch
technische (beispielsweise Formatierung nach den Vorstellungen des Verlages) und / oder finanzielle Voraussetzungen genannt, die der Autor oder eine ihn unterstützende
Organisation zu gewährleisten hat. Dazu ließe sich viel
sagen, und ich tue das auch unten im Kapitel über die Verlagskalkulation[4].

Das letztgenannte Ansinnen an die Anfänger unter den
Autoren kann aber außer der notorischen Geldgier der Verleger noch ganz andere Hintergründe haben: Bis vor wenigen Jahren hatten wir es uns in unserem Verlag zur Regel
gemacht, nur in Ausnahmefällen Druckkostenzuschüsse
zu fordern. Das hatte nach dem Aufkommen des Internets
die Folge, dass wir von Angeboten förmlich überschüttet
wurden. Auf Nachfrage stellte sich dann heraus, dass es
Suchmaschinen gab, die auf die Frage „umsonst publizieren"
auf uns verwiesen. So mussten wir den Regelfall umdrehen,
zumal die Verkaufszahlen für Spezialmonographien in den
letzten Jahren durch die Zusammenlegung von Bibliotheken und deren äußerst knappe Anschaffungsetats stark
gesunken sind. Ein Trost, wenn auch ein kleiner, ist es, dass
die Autoren im Falle der Veröffentlichung auch einer sehr
abgelegenen Dissertation von der ‚Verwertungsgesellschaft
Wort' eine relativ hohe dreistellige Pauschale als Vergütung
für das eventuelle Kopieren aus ihrem Buch bekommen, für
etwas also, das meiner Meinung nach vor allem zu Lasten
des Verlages erfolgt.

---

[4] Siehe unten Seite 151 ff.

Die jungen Akademiker in England und den USA bekommen solche Pauschalen nicht oder nicht in diesem Umfang. Dafür erreichen deren Bücher wegen des größeren Sprachraums in der Regel höhere Verkaufszahlen. Zudem sind dort Zuschüsse höchst verpönt. Ein Verlag, der solche fordert, steht unter dem Verdacht, eine *Vanity press* sein, also ein Verlag, der sich die Eitelkeit der Autoren zunutze macht und vorwiegend oder ausschließlich von deren Zuschüssen lebt, und dem der Vertrieb der Bücher hinterher herzlich egal ist.

Aber das ist eine weites Feld, zu dem ich an dieser Stelle nicht mehr sagen will, als dass ich hiermit jedem Autor, auch dem jungen, zurufe: „D'rum prüfe, wer sich länger bindet, ob er nicht noch was bess'res findet!"

Diese Bindung ist dann Gegenstand eines späteren Kapitels[5].

---

[5] Siehe unten Seite 127 ff.

2. Die Paten und die guten Geister: Herausgeber und Gutachter

> Einem jeden Vorwitze nachzuhängen
> und der Erkenntnissucht keine anderen
> Grenzen zu verstatten als das Unver-
> mögen, ist ein Eifer, welcher der *Gelehr-*
> *samkeit* nicht übel ansteht. Allein unter
> unzähligen Aufgaben, die sich selbst
> darbieten, diejenige auszuwählen,
> deren Auflösung dem Menschen ange-
> legen ist, ist das Verdienst der *Weisheit.*
> Immanuel Kant[1]

Große Teile der Verlagsprogramme wissenschaftlicher Verlage werden von Herausgebern behütet. Das gilt insbesondere für die Veröffentlichung von Qualifikationsschriften.
Insofern ist für einen jungen Autor sehr häufig einer dieser
Türhüter der erste, mittelbare Kontakt mit seinem zukünftigen Verlag. Diese Herausgeber nehmen eine Zwischen-
stellung zwischen dem (schreibenden) Autor und dem
(produzierenden und vertreibenden) Verlag ein. Diese
Stellung ist, jedenfalls im Urheberrecht, gar nicht oder nur
rudimentär vorgesehen. In der Praxis ist sie jedoch enorm
wichtig, und die zugrunde liegende Situation hat bei allen

---

[1] *Immanuel Kant,* Träume eines Geistersehers (1766). Hrsg. von
Karl Vorländer, eingel. von Klaus Reich (Philosophische Bibliothek),
Hamburg 1975, S. 64.

Unterschieden sachlicher und persönlicher Art doch zu
ähnlichen Arten der Ausgestaltung geführt.

I.

Aus der Sicht des Verlages sind solche Herausgeber eine
notwendige Voraussetzung seines Handelns. Wenn er klug
ist, wird sich ein Verleger im Bereich der ständig fortschrei-
tenden und sich weiter ausdifferenzierenden Wissenschaft
von der Weisheit des Sokrates leiten lassen: „Ich weiß,
dass ich nichts weiß, und auch das nicht ganz genau." Er
wird daher für seine verschiedenen Verlagsgebiete danach
trachten, sich mit fachkundigen Beratern zu umgeben, die
ihm zu- oder abraten, bestimmte Manuskripte in Verlag
zu nehmen. Solche Berater sind oft Autoren, mit denen
der Verlag schon in vielfältiger Weise zusammengearbeitet
hat, zu denen er also ein Vertrauensverhältnis aufbauen
konnte. Und wenn sich deren Rat bewährt hat, gebietet es
die Klugheit, Ihnen nicht nur anonymen Einfluss, sondern
auch namentlich ausgewiesene Gestaltungsmöglichkeiten
zu schaffen. Das geschieht zumeist, indem deren Namen
als ‚Herausgeber' genannt werden, sei es eines einzelnen
Sammelbandes, sei es eines geschlossenen Handbuches oder
Kommentars, sei es einer offenen Monographienreihe, oder
sei es einer Zeitschrift oder einer sonstigen periodischen
Veröffentlichung.

II.

Der ideale Herausgeber einer wissenschaftlichen Monographienreihe wäre wohl wie folgt zu beschreiben: Er ist
bereit, für sein spezielles Fachgebiet sich eine zusätzliche
Bürde aufzuladen, mit der Aussicht, für seine Kollegen und
insbesondere auch für den wissenschaftlichen Nachwuchs
in diesem Fach eine Plattform mitzugestalten, die im Idealfall seiner ‚Zunft‘ eine schnelle und qualitätvolle interne
Kommunikation ermöglicht und ihr nach außen in die
Nachbardisziplinen Sichtbarkeit und Reputation verschafft.
Darüber hinaus sollte der Reihenherausgeber im Fach gut
vernetzt sein und hinreichend anerkannt, so dass seine
Annahme- und Absage-Empfehlungen akzeptiert werden.
Denn selbst wenn der Verlag in vielen Fällen der Überbrin-
ger dieser Nachrichten ist, wissen Eingeweihte natürlich,
wer dahinter steckt.

Darüber hinaus sollte ein Reihenherausgeber insoweit
großmütig sein, als dass er auch solchen Positionen einen
Platz in ‚seiner‘ Reihe zubilligt, die zwar deutlich von seiner
eigenen abweichen, die aber in der Zunft durchaus dis-
kussionswürdig sind.

Um diesen notwendigen Pluralismus nach außen zu signalisieren, empfiehlt es sich, solche Reihen nicht von einem
Herausgeber allein gestalten zu lassen, sondern ihm ein
ebenfalls namentlich ausgewiesenes Team an Mitheraus-
gebern (oder neudeutsch ein *Advisory Board*) an die Seite zu
stellen, das dann fachlich und räumlich Bereiche abdeckt,
die der Herausgeber selbst nicht so gut überblicken kann
oder in denen er nicht so bekannt ist.

Für all dies ist es natürlich notwendig, dass ein Herausgeber leicht und zügig nach allen Seiten kommunizieren

kann. Im Zeitalter von Internet und E-Mail ist das recht einfach, kann aber auch recht anstrengend werden.

Schließlich sollte ein Herausgeber für seine Rolle zwischen dem Verlag einerseits und den Autoren andererseits ein Grundverständnis für beide Seiten mitbringen: also ein Verständnis für die besonderen Wünsche und Bedürfnisse der wissenschaftlichen Autoren ebenso wie auch ein Verständnis für die organisatorischen und wirtschaftlichen Notwendigkeiten, unter denen der Verlag agiert.

Aus diesen besonderen Anforderungen ergibt sich, dass ein solcher Herausgeber tunlichst bereits einen Namen im Fach haben sollte und dass er zwar auch über seine Emeritierung hinaus als Herausgeber tätig sein kann, dies aber wenige Jahre danach nicht mehr sein sollte, dann nämlich, wenn er selbst keine Doktoranden mehr betreut.

III.

Eine noch viel instrumentellere Rolle als die des Reihenherausgebers spielt für den Verlag ein Zeitschriften-Herausgeber.

Er ist in viel höherem Maße direkt in den Entscheidungsprozess eingebunden: Aufsätze werden in der Regel ihm angeboten, und sie werden von ihm (in der Regel nach Konsultation von benannten oder unbenannten *Referees*) angenommen oder abgelehnt. Der Verlag erfährt davon erst *ex post*. Es ist geradezu konstitutiv, dass eine solche Zeitschriftenredaktion vom Verlag insoweit unabhängig ist und keine Weisungen im Einzelnen bekommt.

Das heißt dann aber auch, dass ein Zeitschriften-Herausgeber in noch viel höherem Maße eingespannt ist als ein

Reihenherausgeber: Hier sind Schnelligkeit in der Kommunikation und bei den Entscheidungen ebenso gefragt wie ein hohes Maß an organisatorischer Kompetenz. Die technischen Möglichkeiten, dieses ‚Redaktionsgeschäft‘ gut organisiert zu betreiben, entwickeln sich nämlich dauernd. Um sie zum Wohle der Zeitschrift auszunutzen, bedarf es nicht nur auf Seiten des Verlages, sondern eben auch auf Seiten des Herausgebers der Bereitschaft und der Fähigkeit, sich stets auf neue solche Möglichkeiten einzulassen.

Es ist deshalb verständlich, wenn Zeitschriften-Herausgeber neuerdings diese Aufgabe von vornherein zeitlich befristen möchten, weil sie sich in solchem Ausmaß zwar für einige Zeit in den Dienst ihrer Wissenschaft stellen möchten, aber eben nicht unberechenbar lange.

IV.

Den idealen Herausgeber wird es also weder aus der Autorensicht geben (da werden ihm auch nie ganz auszuschließende Fehler des Verlages zugerechnet), noch auch aus der Sicht des Verlages (da sind die Erwartungen vielleicht übergroß). Aber ich bin in meiner Verlegerlaufbahn etlichen begegnet, die einem solchen Ideal sehr nahe gekommen sind oder es in mancher Hinsicht weit übertroffen haben.

Immer einmal wieder gab es eine Gelegenheit, das mit Zitaten aus dem Verlagsarchiv genauer auszuführen. Das ist viel plastischer als jede abstrakte Überlegung. Deshalb wiederhole ich das Ergebnis einer solchen Gelegenheit hier als Anhang.

Anhang: Der Herausgeber Martin Hengel[2]

Die klassischen Spannungsverhältnisse zwischen Geist und Kommerz sind *in persona* diejenigen zwischen Autor und Verleger. Diese Verhältnisse sind dann auch heute noch besonders interessant, wenn beide Beteiligten jeweils auch auf dem Gebiet des anderen kundig und versiert waren. Goethe und Cotta haben in ihren Verhandlungen wahre Pionierleistungen vollbracht, wie beispielsweise das verdeckte Gebot über einen Vertrauensmann. Die sogenannte *New economy* hat das inzwischen nacherfunden und feiert damit im Internet als neue Handelsplattform (*eBay*) Riesenerfolge. Hermann Hesse hat Peter Suhrkamp und seinen Verlag gerettet, indem er ihm einen über lange Jahrzehnte loyalen Kapitalgeber vermittelte, und er hat damit nebenbei auch die erheblichen Honorarzahlungen an sich selbst sichergestellt.

Etwas weniger spektakulär, aber im Alltagsbetrieb von viel größerer Bedeutung ist die Rolle der Mittler zwischen diesen beiden Welten, zwischen, wie die Schwaben sagen würden, *Geischd ond G'schäft*. Das ist im einen Fall der Lektor im Verlag, der sich weit auf die geistige Welt des Autors einlässt und dann zu dessen Anwalt im Verlag wird, indem er die Verlagsleitung und die Verkaufsmannschaft von dessen neuem Buch zu überzeugen sucht. Das ist im anderen Fall der außenstehende Herausgeber, der wie ein freier Agent zukünftige Autoren und Verleger zusammenbringt und gegebenenfalls zwischen ihren Interessen vermittelt.

---

[2] Dieser Anhang besteht aus den hier interessierenden Abschnitten meiner Laudatio bei der Akademischen Feier anlässlich des 80. Geburtstages von Martin Hengel am 14.12.2006 im Hörsaal des Theologicums in Tübingen. Der Vortragsstil wurde beibehalten.

Für wissenschaftliche Verlage, die auf einem sich ständig ausdifferenzierenden Gebiet operieren, haben Herausgeber seit dem 19. Jahrhundert eine zunehmende Bedeutung erlangt. Kein einzelner Verleger oder Verlagslektor kann die Spezialinteressen der Fächer, kann das sich ständig erneuernde und neu orientierende Personal der *Academia* mehr überblicken. Ohne Herausgeber wären wir Verleger wie Dickschiffkapitäne in schwierigem Gewässer ohne Lotsen: Wir müssten uns mit äußerster Vorsicht vorantasten und würden doch immer wieder auf Grund geraten.

Der Herausgeber hingegen kennt die Fahrrinnen und Untiefen, kann zu bestimmten Themen raten, von anderen abraten; er weiß, wer sich in welchem Spezialgebiet auskennt, weiß auch, was von dessen Urteil zu halten ist; und er kennt die ‚alten Füchse‘ seines Faches und deren wissenschaftlichen Nachwuchs. Idealerweise kann er den Jungen raten, welche Themen für sie besonders erfolgversprechend sind und kann ihnen qua Amt dafür eine passende Wirkungsplattform in Aussicht stellen.

Meiner Meinung nach ist also die wissenschaftliche Qualifikation zwar eine notwendige Voraussetzung, um als Herausgeber zu wirken; sie ist aber bei weitem nicht hinreichend. Es müssen noch Eigenschaften ganz anderer Art hinzukommen, wie beispielsweise Offenheit gegenüber anderen als den eigenen Auffassungen, Leichtigkeit und Schnelligkeit der Kommunikation, und schlicht und einfach die Fähigkeit, vieles in gegebener Zeit erledigen zu können.

Sie könnten mir nun leicht vorhalten, dass ich diesen ‚Idealtyp‘ eines Herausgebers geschildert habe, nachdem ich Jahrzehnte mit dem Herausgeber Martin Hengel zusammengearbeitet habe. Dagegen könnte ich Ihnen aber leicht eine Handvoll wissenschaftlicher Verleger nennen, die den ‚Idealtyp' genauso schildern würden, ohne jemals mit unserem Jubilar zu tun gehabt zu haben.

Ich denke, es ist einfach so, dass Martin Hengel diesen Idealtyp in solcher Vollkommenheit verkörpert, dass ihm, gäbe es dafür eine der modern gewordenen Ranglisten, auf alle Zeiten einer der obersten Plätze gebührte.

Was macht nun diesen besonderen Rang aus?

Das sind zum einen seine besonders vielfältigen Interessen, die ihn um der zu erforschenden Sache willen immer leicht über Disziplinengrenzen hinwegsehen haben lassen. Das ist zum anderen seine beharrliche Förderung junger Begabungen, auch wenn diese weit von seinem eigenen Weg oder seinen Überzeugungen abweichen. Das ist darüber hinaus aber als ‚*Superaddendum*' etwas, was er aus einem von ihm selbst wenig geliebten Teil seiner Biographie mitgebracht hat: Sein nicht nur angeborener, sondern auch praktisch ausgebildeter Geschäftssinn.

Schon am Anfang der Zusammenarbeit mit dem Verlag Mohr Siebeck spielt dieser Geschäftssinn eine wichtige Rolle. Er hielt Martin Hengel nämlich davon ab, seine Dissertation hier zu verlegen. Mein Vater hatte für die über 400 Druckseiten dicke Arbeit einen verlorenen Druckkostenzuschuss gefordert, der dem Schwaben Hengel doch zu hoch erschien. So ging er damit zu dem großzügigeren Verlag Brill in Leiden, der ein kleines Honorar anbot. Das saß!

Bei der mit 700 Seiten noch viel dickeren Habilitationsschrift machte mein Vater dann ein akzeptableres Angebot, und die beiden wurden handelseinig. So erschien sie im Jahr 1969 als sein erstes Buch in diesem Verlag. Sie war relativ schnell ausverkauft, und bei den Verhandlungen im Jahr 1972 zur zweiten Auflage zeigte sich wieder der Geschäftsmann im Autor. Er forderte den zur ersten Auflage bezahlten Zuschuss als Vorauszahlung für ein allfälliges Absatzhonorar zurück. Das muss dem Geschäftsmann Hans Siebeck Eindruck gemacht haben, denn er bestätigte diese Absprache umgehend.

Im Herbst 1972 zog die Familie Hengel dann nach Tübingen um, und zwar zunächst ins damalige Industriegebiet, in die Sindelfinger Straße 49.

Von da an beginnt im Verlag Mohr Siebeck, jedenfalls in der neutestamentlichen und judaistischen Abteilung, ein anderer Wind zu wehen. Bei ständigen Besuchen und in regelmäßigen Telefonaten bringt Martin Hengel immer neue Manuskriptvorschläge, drängt das etwas nach Gutsherrenart geführte Verlagshaus zu einer schnelleren Gangart bei der Autorengewinnung und vor allem bei Werbung und Vertrieb der Bücher.

Dem Umstand, dass er es in der ersten Zeit mit meinem Vater zu tun hatte, dem eine pünktliche Mittagspause heilig war, verdanken wir wenigstens einige indirekte Zeugnisse seiner meist mittäglichen Anrufe und Besuche nach der Vorlesung, denn die Sekretärin meines Vaters machte darüber sehr ausführliche Aufschriebe, denen man durchaus eine gewisse Reserve gegenüber dem neuen Wind anmerkt.

Typisch ist eine Notiz vom 22. Juni 1973, aus der ich zitieren möchte:

„Professor Hengel bringt ein Manuskript von Beyschlag: *Simon Magus und die Christliche Gnosis,* das für *WUNT* vorgesehen ist. Er hat die Arbeit durchgesehen und hält sie für ganz besonders gut. Er meint, es würde ein klassisches Werk, das für hundert Jahre Gültigkeit habe." ... und weiter:

… „Er erklärt, daß Michel ihn an sich ja gern in den Herausgeberkreis haben möchte; die ganze Arbeit liege ja auch bei ihm. Jeremias habe sich aber noch nicht geäußert." … und noch weiter: … „Er meint, er habe doch eine Menge Arbeit damit; bei jedem Manuskript habe er doch eine erhebliche Korrespondenz zu führen. Er müsse jedes Manuskript prüfen, und wenn der Autor nicht großzügig wäre und ihm ein Freiexemplar dediziere, hätte er dann nicht einmal ein Exemplar des Buches."

Der noch nicht offizielle Herausgeber steckt also frühzeitig seine *Claims* ab. Dem Verleger Hans Siebeck muss das gefallen haben, denn er hat den Eintritt Hengels in den Herausgeberkreis kräftig unterstützt. So kam es, dass ab dem im Jahr 1974 erscheinenden Band 15 der *Wissenschaftlichen Untersuchungen zum Neuen Testament* Martin Hengel als Herausgeber auf dem Titelblatt steht, und zwar in alphabetischer Reihung, also gleich an erster Stelle.

Und er greift sogleich heftig in die Geschäfte der Reihe ein.

Am 1. Februar 1974 schreibt er an meinen Vater unter anderem:

„Meine zweite Bitte ist, ob Sie mir mitteilen können, wieviele Exemplare per Ende 1973 von der Reihe … noch auf Lager waren und wieviele verkauft wurden. Als Mitherausgeber ist mir auch der Verkauf der Reihe nicht ganz gleichgültig."

Auf die entsprechende Liste antwortet er am 5. März:

„Darf ich nun zur Förderung des Verkaufs noch folgende Vorschläge machen: 1. … wäre es sinnvoll, … einen Prospekt (zweisprachig Englisch und Deutsch) zu drucken, der sämtliche lieferbaren Bände der Reihe enthält. 2. Die Übersetzung der Texte von Barrett … hat sich recht gut verkauft. Ich würde hier dringend eine Neuauflage empfehlen. … 3. Wäre es vielleicht günstig, wenn Sie einmal in einer Anzeige in einer Ihrer Theologischen Zeitschriften auf die ganze Reihe hinweisen könnten, eventuell auch in den ‚*New Testament Studies*' Cambridge, der Neutestamentlichen Zeitschrift mit der höchsten Auflage." … und schließlich: … „Zum Schluß möchte ich noch mitteilen, daß mir ein anderer deutscher Verlag die Herausgabe einer wissenschaftlichen Reihe angeboten hat, ich jedoch mit Rücksicht auf die *WUNT* diese Aufgabe ablehnen werde. Es liegt mir sehr daran, daß sich die Zukunft der *WUNT* günstig entwickelt."

Das ist schon fast das Programm der geschäftsmäßigen Neuausrichtung der Reihe in einer Nußschale – und das alles, bevor Martin Hengel einen regulären Herausgebervertrag hatte. Dieser Vertrag wird immer wieder verschoben; stattdessen werden Zwischenabreden über Honorar und Freiexemplare getroffen, die dann prompt im Getriebe des Verlages immer einmal wieder übersehen werden.

Jedenfalls vervollständigt Martin Hengel in rascher Folge den Ausbau der *WUNT*-Reihe. Ich zitiere aus einer Gesprächsnotiz vom 4. Juni 1975:

„Er regt an, neben der eigentlichen Reihe noch eine Nebenreihe zu bringen, in der er hervorragende Dissertationen aufnehmen möchte, die dann im Offsetdruck nach Vorlage vom Schreibmaschinenskript gedruckt werden sollten. … Er möchte auf keinen Fall, daß der Verlag mit einer solchen Reihe Risiken eingehe."

Und in einem Aufschrieb vom 16. Juli heißt es:

„Professor Hengel gibt zu erwägen, ob man bei den broschierten Exemplaren nicht auf dem Rücken die Reihe … aufdruckt. Sicher würden viele die Reihe ergänzen." … und weiter: „Er fragt, ob es nicht möglich wäre, auf einem besonderen Blatt hinten im Buch alle Titel, zumindest alle lieferbaren Titel der Reihe aufzuführen."

Der letzte Vorschlag war für wissenschaftliche Bücher damals revolutionär. Für mich, der ich viele Bände der *edition suhrkamp* im Bücherschrank stehen hatte, war es aber eine Selbstverständlichkeit.

Im Jahr 1976 übernahm dann ich die Leitung des Verlages, und offenbar hatte Martin Hengel an dem jungen Verleger, wie man in Schwaben sagt, „einen Narren gefressen". Wir verstanden uns jedenfalls sehr schnell sehr gut, und der Ausbau der *WUNT* von einer ehedem gemächlichen und Tübingen-zentrierten Veranstaltung zu einer internationalen Plattform für die neutestamentliche Wissenschaft ging flott voran. Allerdings versiegen ab dann die epischen Gesprächsnotizen, denn ich war mittags meist erreichbar, und das Besprochene wurde ohne Zwischennotizen gleich umgesetzt.

1978 werden auf meine Anregung hin auch für die zweite Reihe typographische Mindeststandards eingeführt. Die Autoren bekommen Manuskriptpapier und eine Gebrauchsanleitung dafür. Im selben Jahr wird auch die Absatzübersicht über mehrere Jahre für den Herausgeber perfektioniert.

1979 tritt auf den Wunsch Hengels sein neuer Tübinger Kollege Otfried Hofius in den Herausgeberkreis von *WUNT* ein; sie bilden zusammen mit dem Begründer Otto Michel ein Triumvirat, in dem Hengel die Rolle des aktiven Geschäftsführers übernimmt. Seine persönlichen Kontakte in der ganzen Welt kamen der Reihe schnell zugute; mit der Zeit half dann auch die inzwischen eingespielte Autoren- und Manuskriptbetreuung innerhalb der Reihe.

Im selben Jahr beginnt übrigens ein weiteres Großunternehmen, das ohne die treibende Kraft des Herausgebers

Martin Hengel kaum vorstellbar ist, nämlich die auf Vollständigkeit angelegte *Übersetzung des Talmud Yerushalmi.* Peter Schäfer ist von Anfang an Mitherausgeber und wird dem Verlag ein wichtiger Cicerone beim Ausbau des judaistischen Programms.

Im Jahr 1980 wird im Verlag erstmals eine ausführliche Planungsliste aller für eine Schriftenreihe in Erwägung gezogenen Titel erstellt. Bei der wachsenden Zahl der Manuskripte für *WUNT* hat sich dieses Instrument dann schnell als sehr nützlich erwiesen, um jedem Buch zu einem guten Auftritt zu verhelfen.

Im selben Jahr entsteht übrigens auch der Plan der benachbarten Reihe *Texte und Studien zum Antiken Judentum,* bei der Martin Hengel die geschäftsführende Herausgeberschaft mit Peter Schäfer teilt.

Nachbemerkung: Die *WUNT* wurden übrigens wenige Jahre später zum Muster für eine weitere Nachbarreihe, die *Forschungen zum Alten Testament.* Beide Reihen bilden heute das Rückgrat unseres theologischen Verlagsprogramms.

3. Das (fast) Unmögliche:
Der Vertrag zwischen Geist und Kapital

> Geschicklichkeit und Fleiß im Arbeiten
> haben einen Marktpreis, Witz, lebhafte
> Einbildungskraft und Launen einen
> Affektionspreis; dagegen Treue im Ver-
> sprechen, Wohlwollen aus Grundsät-
> zen (nicht aus Instinkt) haben einen
> inneren Wert.
>
> Immanuel Kant[1]

Das grundsätzlich schwierige am Zustandekommen von
Büchern oder jedes anderen Werkes, das einerseits den
Erfindungs- und Gestaltungsgeist eines Autors oder Künst-
lers voraussetzt, das andererseits aber auch erhebliche technische und organisatorische (und damit finanzielle) Mittel
benötigt, liegt auf der Hand. Der eine hat etwas erfunden,
das der andere nie erfinden könnte: Wie kann er darauf vertrauen, dass es möglichst nach seinen Vorstellungen und
jedenfalls auch zu seinem Nutzen realisiert und verwertet
wird? Der andere setzt sein Kapital ein, um die erforderlichen Techniken zu entwickeln oder zu besorgen, und er hat
eine Organisation aufgebaut, die wie erwünscht realisieren
und verwerten kann. Wie kann er darauf vertrauen, dass der

---

[1] *Immanuel Kant*, Grundlegung zur Metaphysik der Sitten (1785).
Hrsg. von Karl Vorländer (Philosophische Bibliothek), Hamburg 1965,
S. 58.

Erfinder, zumal im Falle des Erfolges, damit zum nächsten rennt und damit den Rückfluss der Investition gefährdet?

Beide haben ganz verschiedene Vorstellungen und Ideale im Kopf, und die idealen Vorstellungen des einen würden womöglich den jeweils anderen ruinieren. Wenn sie sich jedoch auf einen Vertrag einigen, den beide als faire Balance der wechselseitigen Rechte und Pflichten betrachten, dann eint sie das gemeinsame Interesse am Erfolg des vertragsgegenständlichen Werkes. Und wenn dieser Vertrag dann noch so abgefasst ist, dass er sowohl bei einem unerwartet geringen als auch bei einem unerwartet großen Erfolg des Werkes immer noch von beiden als fair empfunden wird, dann ist eigentlich das Kostbarste erreicht, was in dieser prekären Ausgangssituation erreicht werden kann: Dann ist ein Stück Vertrauen entstanden zwischen zweien, die eigentlich ganz unterschiedlich denken müssen.

Ich behaupte, dass Verlegen vor allem darin besteht, eine Kette des Vertrauens zu schmieden, vom Autor über den Verlag zu den Buchhändlern und weiter zu den Bibliothekaren und schließlich zu den Lesern (die häufig genug dann wieder Autoren werden oder bereits sind). Und in dieser Kette ist das Glied zwischen Autor und Verlag das erste, grundlegende und demzufolge wichtigste. Es sollte deshalb nicht überraschen, dass ich als Verleger den Verlagsvertrag und die Umstände seines Abschlusses aus einem anderen Blickwinkel sehe als der Autor des ersten Teils dieses Buches.

Der hatte übrigens – die Geschichte ist zu schön, um verschwiegen zu werden! – mich einmal gefragt, ob ich mich denn als Verleger oder als Eichhörnchen sähe, das Bücher wie Nüsse für den nächsten oder übernächsten Winter versteckt anstatt sie zu verkaufen. Damit verlockte er mich zu der Bemerkung: „Die Alternative Verleger oder Eichhörnchen hat mich amüsiert: Von Baum zu Baum hüpfen, ohne den Boden zu berühren, das wäre was! Ich habe hingegen dem Verlegerstand immer die Fähigkeiten eines Krokodils zugewünscht: Einmal das Maul ganz weit aufreißen, ein andermal abtauchen; wie schlafend schwerelos im Wasser dösen und blitzschnell zupacken, wenn's etwas zu packen gibt; vorne beißen, seitlich kratzen, hinten schlagen und selbst ein dickes Fell haben."[2]

An diesem Bild ist auch aus heutiger Sicht vieles richtig; eine wichtige, wenn nicht die wichtigste Fähigkeit fehlt darin: Vertrauen zu schaffen und faire Verträge, insbesondere Verlagsverträge auszuhandeln. Und dazu wird man denn doch besser nicht als Krokodil auftreten.

I.

Der Verlagsvertrag ist wie gesagt die Grundlage jeder Veröffentlichung eines Werkes. Er unterliegt keiner Formvorschrift. Es reicht ein Handschlag, ja sogar nur beiderseits konkludentes Handeln. Jedenfalls reicht das dann, wenn Autor und Verleger zweifelsfrei deutschem Recht unterliegen. Dann gelten nämlich ergänzend die Bestimmungen des Urheberrechts und insbesondere des Verlagsgesetzes[3], das noch fast aus der Entstehungszeit des Bürgerlichen Gesetzbuches stammt und seither nur wenig geändert wurde.

---

[2] *Georg Siebeck* an *Ingo von Münch*, Brief vom 13.7.2006.
[3] Gesetz über das Verlagsrecht vom 19. Juni 1901, zuletzt geändert durch Gesetz vom 22. März 2002 (BGBl. I, S. 1155), abgedruckt in: Geistiges Eigentum. Hrsg. Von Florian Mächtel, Ralf Ulrich, Achim Förster, 3. Aufl., Tübingen 2011, S. 365–371.

Es ist deshalb nach wie vor von erfrischender Kürze und Klarheit, und ich empfehle jedem Autoren in spe, es einmal zu lesen. Das ganze Urheberrecht ist eine für alle Kreativen zu wichtige Materie, als dass sie allein den Urheberrechtlern überlassen werden sollte. Allerdings gibt es von diesen hervorragende Bücher darüber, beispielsweise das von (soviel Reklame darf hier sein!) Haimo Schack.[4]

Der typische Verlagsvertrag ist ein beiderseitig bindender Vertrag, in dem sich der Autor dazu verpflichtet, sein Werk zur ‚Inverlagnahme‘ zur Verfügung zu stellen und in dem sich der Verlag verpflichtet, dieses sodann zu veröffentlichen. Die Verlegererfahrung lehrt, dass diese scheinbare Symmetrie des Verlagsvertrages tatsächlich nur scheinbar ist: Solange das Werk noch nicht wirklich verfasst ist, kann der Verlag es nicht einfordern, kann nur an seine Vollendung appellieren und hoffen, dass es am Ende vertragsgemäß ausfällt; der Verfasser hingegen hat einen Rechtsanspruch darauf, dass der Verleger seiner Vervielfältigungs- und Verbreitungspflicht nachkommt – es sei denn, er kann den oft schwierigen Nachweis führen, dass das abgelieferte Werk nicht dem ursprünglichen Vertrag entspricht, und das in unzumutbarer Weise.

Die Probleme des Verlagsvertrages liegen also, wie die Juristen so schön sagen, vor allem „im tatsächlichen Bereich". Diese Probleme können nur durch Vertrauen überbrückt werden; für das Grundgerüst der Vereinbarung ist es deshalb besonders sinnvoll, sich außer an dem seit über 100 Jahren bewährten Verlagsrecht und an dem immer wieder veränderten und bis fast zur Unübersichtlichkeit ausgebau-

---

[4] *Haimo Schack*, Urheber- und Urhebervertragsrecht, 5. Aufl. Tübingen 2010.

ten Urheberrecht[5] auch daran zu orientieren, was andere an Erfahrungen gesammelt haben.

So gibt es im Bereich der allgemeinen Literatur einen Normvertrag[6], der zwischen einerseits dem Verband deutscher Schriftsteller (VS), neuerdings aufgegangen in der Gewerkschaft ‚Verdi‘, und andererseits dem Börsenverein des Deutschen Buchhandels (Verlegerausschuss) ausgehandelt wurde. Im Bereich der Wissenschaft gibt es schon seit den 1920er Jahren eine entsprechende Vereinbarung über *Vertragsnormen für wissenschaftliche Verlagswerke*[7], die 1951 und zuletzt 1980 zwischen dem Deutschen Hochschulverband und dem Börsenverein des Deutschen Buchhandels getroffen wurden. Darin sind auch diverse Musterverträge für die verschiedenen Vereinbarungen[8] enthalten, die sinn-

---

[5] Gesetz über Urheberrecht und verwandte Schutzrechte (Urheberrechtsgesetz) vom 9. September 1965, zuletzt geändert durch Gesetz vom 17. Dezember 2008 (BGBl. I, S. 2586), abgedruckt in: Geistiges Eigentum (Anm. 1), S. 311–362. Eine Änderung zum Zweitveröffentlichungsrecht steht kurz vor der Verabschiedung.

[6] Normvertrag für den Abschluss von Verlagsverträgen, Neue Fassung, gültig ab 1.4.1999; als PDF-Datei kostenlos herunterladbar bei: *www.boev.de,* Seite ‚Service und Download‘, Unterseite ‚Downloads‘, Unterpunkt ‚Verlage‘. Eine Neufassung, die auch neuen technischen Entwicklungen wie *Printing on demand* Rechnung trägt, ist weitgehend ausgehandelt und wird voraussichtlich in Kürze ebendort veröffentlicht.

[7] Vertragsnormen für wissenschaftliche Verlagswerke (Fassung 2000), Frankfurt am Main und Bonn 2000, PDF-Fassung vgl. Anm. 3.

[8] Die Musterverträge: 1. Verlagsvertrag über ein wissenschaftliches Werk, 2. Verlagsvertrag über ein wissenschaftliches Werk mit mehreren Verfassern, 3. Verlagsvertrag über einen wissenschaftlichen Beitrag zu einer Sammlung, 4. Revers für die Einräumung von Nutzungsrechten an Zeitschriftenbeiträgen, 5. Werkvertrag über einen wissenschaftlichen Beitrag zu einer Sammlung, 6. Herausgebervertrag über ein wissenschaftliches Werk mit mehreren Verfassern / eine wissenschaftliche Zeitschrift.

vollerweise zwischen einem wissenschaftlichen Autor und
seinem Verleger abzuschließen sind. Sie sind als kleine
Broschüre und auch als PDF-Datei bei beiden Verbänden
kostenlos erhältlich. Die meisten Verlage haben davon auch
einen kleinen Vorrat, aus dem sie entsprechende Anfragen
von Autoren befriedigen können.

Solche Musterverträge können naturgemäß weder jeden
Einzelfall passgenau abdecken, noch können sie die neueste technische Entwicklung abbilden. Die Muster und erst
recht die in den *Vertragsnormen* festgehaltenen Auslegungs-
grundsätze zeigen aber auf, was sich über einen langen
Zeitraum als ‚gute Sitte' herausgebildet hat.

II.

In aller Regel werden im Bereich der Wissenschaft Verlagsverträge über die erste und alle folgenden Auflagen eines
Werkes und über die gesamte Dauer des Urheberrechts-
schutzes abgeschlossen. Da der Schutz derzeit bis 70 Jahre
nach dem Tod des Verfassers gilt, haben diese Verträge
eine Wirkungsdauer von zumeist über 100 Jahren, also eine
längere als (bislang) jeder Ehevertrag.

Es gab und gibt immer wieder Überlegungen, die Dauer
solcher Verträge gesetzlich auf kürzere Zeiträume zu be-
grenzen. Eine Vorstellung dabei war, dass es dem Autor
nach etwa 20 Jahren frei stehen sollte, sein Werk anderswo
zu vielleicht besseren Konditionen neu in Verlag zu geben.
Die Wirklichkeit der wissenschaftlichen Literatur steht dem
aber entgegen: Die meisten Werke sind nach einer solchen
Zeit vom Fortschritt der Wissenschaft überholt und nur
noch in sehr kleinen Stückzahlen zu verkaufen. Deshalb

wäre es in den meisten Fällen gar nicht möglich, einen neuen Verlag dafür zu interessieren. Insofern ist es für die Wahrnehmung solcher Werke eher vorteilhaft, wenn die Vertriebspflicht des Originalverlages noch nachwirkt.

Ein weiteres Problem hat diese lange Schutzfrist im Zusammenhang der digitalen Verbreitungsmöglichkeiten beschert: Weil diese eine bei Vertragsabschluss noch unbekannte Nutzungsart waren, verblieben die entsprechenden Rechte bei den Autoren. Die sind aber oftmals nicht mehr aufzufinden. Man spricht da im Zusammenhang der aufzubauenden digitalen Bibliotheken von ‚verwaisten Werken‘, für die nun komplizierte Rechtsfiguren erfunden werden müssen. Ich vertrete deshalb – durchaus im Widerspruch zu vielen meiner Kollegen – die Meinung, dass die heutigen Schutzfristen des Urheberrechts viel zu lang sind und dadurch letztlich dem viel wichtigeren Schutz der noch relativ neuen Werke im Wege stehen.[9]

III.

Eine weitere Besonderheit der wissenschaftlichen Literatur ist, dass es hier eine deutliche Typisierung der Werke gibt. Wissenschaftliche Monographien ähneln einander bei aller Verschiedenheit ihrer Inhalte vom Absatzgeschehen her doch so sehr, dass es durchaus angemessen ist, dass sie auch unter gleichen oder sehr ähnlichen Bedingungen erscheinen.

---

[9] *Georg Siebeck*, Urheberrecht für Verlage, in: Parallelwelten des Buches. Beiträge zu Buchpolitik, Verlagsgeschichte, Bibliophilie und Buchkunst. Hrsg. von Monika Estermann, Ernst Fischer und Reinhard Wittmann, Wiesbaden 2008, S. 49–58.

Es ist daher durchaus üblich, dass ein Verlag für solche
Werke auf Formularverträge zurückgreift. Das war früher im
Wortsinne so, dass vorgedruckte Formulare verwendet wurden, in die mehr oder weniger nur Name des Verfassers, der
Titel des Werkes und gegebenenfalls noch die Höhe der Auflage hineingeschrieben wurden. Das war nicht ein Zeichen
der Faulheit des Verlages (obwohl das Einhalten sehr vieler unterschiedlicher Verträge ein Problem werden kann!),
sondern ein Signal an den neuen Autor, dass viele andere
bereits zu gleichen Bedingungen dort veröffentlicht haben.
Das wurde nach meiner Erfahrung auch weitestgehend so
verstanden und akzeptiert: Die meisten wissenschaftlichen
Autoren sind vor allem daran interessiert, nicht schlechter
gestellt zu sein als ihre Kollegen im gleichen Verlag.

Heute werden die Verträge per Textverarbeitung aus
Textbausteinen zusammengestellt, was dann praktisch auf
das Gleiche hinausläuft, allerdings nicht so augenfällig zeigt,
was allgemeine Regel und was individuelle Besonderheit ist.

IV.

Im Rahmen von Handbüchern und erst recht von Lexika
sind im wissenschaftlichen Verlagswesen auch sogenannte
‚Werkverträge‘ üblich und sinnvoll. In denen wird der Verfasser verpflichtet, ein besonderes Thema oder ein Lemma
abzuhandeln, meist mit einer relativ strikten Vorgabe seitens der Herausgeber oder der Redaktion zum Kontext,
in dem das stattfinden soll, und zum Umfang, den die Ab-
handlung einnehmen soll.

Diese Verträge haben die Besonderheit, dass sie nur ein-
seitig bindend sind. Der Autor ist zu einer genau spezifi-

zierten und terminierten Leistung verpflichtet; der Verlag ist sodann zur Honorierung verpflichtet, nicht jedoch zur Vervielfältigung und Verbreitung. Das geschieht, um im Interesse der Gleichmäßigkeit der Darstellung des Gesamtwerkes den Herausgeber oder die Redaktion nicht dem Zwang auszusetzen, einen ihnen ungeeignet erscheinenden Beitrag abzudrucken.

V.

Für Verlagsverträge gilt im Übrigen das Gleiche wie für alle Verträge: Sie sind nicht das Papier wert, auf dem sie geschrieben sind, wenn sie nicht mit Leben gefüllt werden. Oder noch allgemeiner: Wichtiger als *was* für Verträge man abschließt ist es, mit *wem* man sie abschließt. Dennoch sind gute und faire Verträge besser als schlechte und unfaire, können sie doch das Zusammenwirken …, und so weiter, siehe oben!

Nicht nur weil es grundsätzlich keine vollständigen Verträge geben kann („So dumm, wie es hinterher kommt, kann man sich das vorher nie ausdenken!"), gibt es immer wieder Interpretationsdifferenzen und auch manifeste Interessenkonflikte, die vor Schlichtungsstellen oder Gerichte getragen werden. Auch krasse Fälle von nicht eingehaltenen Verträgen sind dabei: Schwarze Schafe gibt es leider überall.

Diese Fälle werden aber in den seltensten Fällen ausprozessiert. Daher gibt es dazu nur wenige rechtskräftige Urteile. Das liegt vor allem daran, dass meist beide Seiten eher an einer diskreten Einigung als an einem großen Skandal interessiert sind. Mir ist aber auch ein Fall wohlbekannt, in dem ein Autor auf Auflösung des Vertrages geklagt hat, und zwar wegen nachhaltiger Vertragsverletzung seitens des Verlages. Das ging dann sehr rasch bis zum Bundesgerichtshof. Aber auch da sind nach dem Verlagswechsel alle Beteiligten wieder zur Tagesordnung übergegangen.

Auch eine solche Trennung wäre ohne einen in dieser Hinsicht präzisen Vertrag nur schwer und jedenfalls nicht in diesem Maße schließlich Frieden stiftend möglich gewesen.

4. Die Form:
Wie groß, wie fest und wie gesetzt?

> Deutschland ist mit elenden und
> scheußlichen Büchern überschwemmt
> und würde frei von dieser Plage sein,
> wenn dem Buchhändler die Ehre lieber
> wäre als das Geld.
>
> Friedrich Perthes[1]

Das Kursbuch der Deutschen Bahn gab es vor einigen
Jahren in einer prächtigen Sonderausgabe mit silbernem
Kopfschnitt. Das war zugleich das Ende dieser Art Buch.
Seither hat eine Datenbank seine Funktion übernommen.
Die großen, bundesweiten Telefonbücher haben ein ähn-
liches Schicksal genommen.

Andererseits werden immer mehr Bücher geschrieben,
nicht nur, aber besonders auch im Bereich der Wissenschaft.
Es ist nach wie vor der unerbittlichste Prüfstein für einen
angehenden Wissenschaftler, ob er ein selbst gewähltes
Thema nicht nur auf dem neuesten Stand der Erkenntnis
erfassen, sondern es über diesen Stand hinaus fortschreiben

---

[1] Friedrich Christoph Perthes (1772–1843) war federführend bei der
Gründung des Börsenvereins des Deutschen Buchhandles, betrieb die
erste von einem Verlag getrennte Sortimentsbuchhandlung und wurde
dann der führende theologische Verleger seiner Zeit. Die höchste
Auszeichnung des Börsenvereins, die Perthes-Medaille, ist nach ihm
benannt. Hier zitiert nach: *Klaus Mager*, Bibliothek – Verlag – Buchhandel. Zentren geistigen Aufbruchs, in: Heidelberg im säkularen Umbruch, hrsg. von Friedrich Strack, Stuttgart 1987, S. 126.

und das dann auch noch zusammenhängend darstellen kann. Das Medium dafür ist seit Jahrtausenden[2] das Buch, und zwar das zur Veröffentlichung und damit zum Erwerb für jeden und zur Kritik durch jeden vorgesehene Buch.

Solche Art Bücher sollen gerade nicht wie Kurs- und Telefonbücher nur eine jeweils hochspezielle Information auf neuestem Stand weitergeben. Sie sollen vielmehr gerade die Zusammenhänge, die Argumente darlegen, und das in einer möglichst unveränderlichen Form, damit sich Kritik oder darauf aufbauende weitere Argumentationen auf sie verlässlich beziehen können, und das gegebenenfalls über eine große Distanz – räumlich wie zeitlich.

Um diesen Anforderungen (und einigen anderen mehr, auf die ich noch komme) gerecht zu werden, haben sich für wissenschaftliche Bücher nicht gerade Standards, aber doch bewährte Gestaltungs- und Verarbeitungsmuster herausgebildet, die jeder Autor schon beim Schreiben ungefähr vor Augen hat, die dann aber vom Verlag immer auch unter wirtschaftlichen Gesichtspunkten anzuwenden und umzusetzen sind. Der Verlag muss dabei nämlich stets abwägen, ob die möglichen Käufer des Buches den dafür getriebenen Aufwand bereit sind zu bezahlen. (In diesem Abwägen, zu dem ja auch stets das Abwägen besserer Präsentation gehört, sehe ich übrigens ein ganz entscheidendes Argument für die Existenz unabhängiger, gerade auch von den Entscheidungen wissenschaftlicher Organisationen unabhängiger Verlage.)

---

[2] Karl Popper sieht in einer seiner kühnen Vermutungen das Werk ‚Über die Natur' von Anaxagoras als die erste Veröffentlichung eines wissenschaftlichen Buches in größerer, zum Verkauf bestimmter Auflage, und das im Jahr 466 v. Chr. Siehe *Karl Popper*, Bücher und Gedanken: Das erste Buch Europas (1982), in: *Ders.*, Auf der Suche nach einer besseren Welt, München und Zürich 1984, S. 117–126.

I.

Eine wichtige Aufgabe des Verlages ist es also, die Herstellung des Werkes als Buch (und gegebenenfalls als E-Book) zu organisieren und zu betreuen. Von diesem, für den Autor manchmal schmerzlichen, meist aufregenden Prozess des Übergangs seines *Work in progress* zu einem schließlich gedruckten und gebundenen Buch soll hier die Rede sein.

Nach meiner Erfahrung bringen die meisten Autoren recht genaue Vorstellungen mit, wie ihr Buch hinterher aussehen soll. Sie orientieren sich an den Büchern ihrer *Footnote heroes,* sind deshalb in aller Regel gestalterisch recht konservativ. Das bewerte ich im Bereich der wissenschaftlichen Publikationen übrigens als durchaus positiv: Bücher aus verschiedenen Generationen sollten sich doch insoweit ähnlich sein, dass sie sich nebeneinander benutzen lassen.

Zumeist wird der Autor auch schon andere Bücher des Verlages in der Hand gehabt haben, mit dem er nun sein Buch realisiert. Auch da werden sich aus seiner Sicht Vorbilder befinden, denen sein Buch möglichst genau nachkommen soll.

Dennoch: Trotz aller Konformität, die durch die Gewohnheiten beim wissenschaftlichen Publizieren entstanden ist, hat jeder Autor seine eigene Argumentationsweise, hat jedes Buch seinen eigenen Stil, und sind die Voraussetzungen und Ziele anders, wenn auch nur um Nuancen anders. Wenn ein Verlag das in Person des Lektors oder des Herstellers (so heißen im Verlag diejenigen, die die meist ausgelagerte technische Produktion organisieren und steuern) erkennt und mit entsprechenden Vorschlägen darauf eingeht, wird ein Autor sein Buch auch alsbald in guten Händen wissen.

Doch schauen wir uns einige Aspekte an, die dabei bedacht werden können oder gar sollten.

II.

Heutige wissenschaftliche Bücher sind meist etwa 23 Zentimeter hoch, maximal etwa 26 Zentimeter, und sie sind etwa 16 bis maximal 19 Zentimeter breit. Sie sind also größer als fast alle Romane, und sie sind kleiner als die meisten Kinderbücher. Diese banale Äußerlichkeit hat wohl ganz praktische Gründe: In wissenschaftlichen Büchern sollten außer einem durchgehenden Text auch Fußnoten mit Nachweisen, Tabellen mit Daten, Diagramme und auch Abbildungen zur Veranschaulichung Platz haben, und zwar jeweils ‚auf einen Blick'. Dazu braucht es einfach mehr Platz, als es auf einer Taschenbuchseite gibt. Zugleich ist das aber auch eine Größe von Buch, die es erlaubt, auch noch mehrere davon aufgeschlagen auf einem Schreibtisch liegen zu haben.

Bei dem vorliegenden Buch sind wir von diesem ‚Normalformat' in Richtung Taschenbuch abgewichen, weil wir uns wünschen, dass es auch als leichtes Handgepäck mitgenommen wird. Dass deshalb die Fußnoten sehr klein gesetzt werden mussten, haben wir billigend in Kauf genommen.

Wenn sich solche Maße einmal als üblich eingebürgert haben, richten sich alle möglichen anderen um die Produzenten und Nutzer herum darauf ein: So sind beispielsweise die meisten Druckmaschinen darauf eingerichtet, genauso große Bogen zu drucken, und so sind die meisten Bibliotheksregale darauf eingerichtet, dass sie diese Büchergröße möglichst platzsparend unterbringen können.

Es muss also triftige Gründe dafür geben, von diesen Maßen abzuweichen. Ein Buch, das deutlich kleiner ist, läuft Gefahr, nicht als wirklicher ‚Baustein‘ des zukünftigen Wissens ernstgenommen zu werden; und ein größeres Buch passt nicht in die übliche ‚Stellung‘ in der Bibliothek hinein und verschwindet womöglich in einem recht abgelegenen Fach.

Aber es gibt immer wieder triftige Gründe: Einmal sind Faksimiles alter Dokumente in Originalgröße abzubilden, ein andermal viele Fassungen eines Textes nebeneinander zu setzen und noch ein andermal soll ein Buch besonders klein, leicht oder billig sein. Deshalb gibt es in unserem Verlag derzeit von 32 × 27 cm für Faksimile-Ausgaben bis 18 × 12 cm für Taschenbücher eine Vielzahl von Formaten, und wir halten es uns auch im Prinzip offen, diese Klaviatur bei Bedarf zu erweitern. Bücher sind eben gerade *nicht* auf ein Standard-(Bildschirm-)Format festgelegt, sondern können sich ihrem Gegenstand und ihrer Nutzung anpassen.

III.

Der äußere Eindruck eines Buches wird vor allem von seinem Einband bestimmt. Deshalb wird daran auch besonders viel ‚gemogelt‘. Was von außen ‚hui‘ ist, muss es noch lange nicht von innen sein; und die inneren Qualitätsunterschiede fallen erst nach mehrfachem Gebrauch auf.

‚Broschur‘ und ‚Deckenband‘ sind relativ leicht zu unterscheiden. Damit ist für die vermutliche Haltbarkeit aber fast noch nichts gewonnen; ich möchte deshalb hier auf einige feinere Unterschiede hinweisen.

Die wichtigste Unterscheidung ist nämlich, ob die Druck-
bogen – meist 16 oder 32 Seiten – unverletzt mit Faden
‚geheftet‘ oder ob sie zerschnitten und mit Leim ‚klebege-
bunden‘ sind. Es ist klar, dass die zu mehreren Lagen zu-
sammengenähten Bogen sich leichter aufschlagen lassen,
dauerhafter verbunden sind – und vor allem: dass sie sich
im Falle eines Falles dermaleinst in gleicher Weise neu
binden lassen. Die ‚Fadenheftung‘ erkennt man an Kopf
und Fuß des Buches an den einzelnen Bögen, deren Dop-
pelblätter U-förmig ineinander gefalzt sind. Um sicher zu
gehen, kann man in der Mitte eines solchen Bogens (meist
nach der 8. oder 16. Seite) kräftig aufschlagen; dort sollten
Fäden entlang der Falte zu sehen sein.

Ob das fadengeheftete Buch einen Broschurumschlag
oder eine Einbanddecke bekommt, spielt für die Haltbarkeit
fast keine Rolle. In der Decke sind die Ränder der Seiten
etwas besser gegen Schmutz geschützt, auch steht das Buch
besser im Regal, zumal wenn es dicker ist.

Die ‚Klebebindung‘ von Deckenbänden gab es bisher fast
nur bei Romanen und bei amerikanischen und englischen
Wissenschaftsbüchern. Natürlich ist das billiger; aber da
könnte man auch Wanderstiefel aus Pappe machen. Neuerdings kommen solche Bücher aber aus den Maschinen für
Printing on demand. Sie werden uns also immer häufiger
‚Freude‘ machen!

Bei Broschuren hat die ‚Klebebindung‘ aber durchaus
ihre Berechtigung, wenn das Buch billig sein soll und nicht
für die Ewigkeit bestimmt ist. Der wichtigste, leider kaum
sichtbare Unterschied ist der des verwendeten Klebers:
‚Dispersionskleber‘ sind recht flexibel und doch haltbar,
‚Heißkleber‘ beides eher weniger; dafür sind sie schneller
und billiger in der Verarbeitung. Das einzige Indiz zur Un-

terscheidung ist die Dicke der Kleberschicht: ‚Heißkleber‘ werden fast immer recht dick verwendet; die dünnere und flexiblere Kleberschicht ist also fast immer die bessere.

Sehr wichtig bei der Klebebindung ist auch die Wahl der verwendeten Materialien: Das Textpapier sollte gut saugfähig sein, damit es sich mit dem Kleber fest verbindet. Das Wichtigste aber ist der Karton für den Umschlag. *Er* ist am Rücken einer Klebebroschur das Buchgelenk, das viele tausend Male Blättern aushalten muss. Biegsam und extrem reißfest soll er sein, sich vor allem nicht in mehrere Schichten aufspalten.

IV.

„Papier ist geduldig“, so umschreibt man die Tatsache, dass jede Art Literatur ihre Lastesel braucht, die tragen, was immer ihnen an Tinte oder Druckerschwärze aufgeladen wird. Und weil das Papier nun einmal der Stoff ist, aus dem die Bücher sind, wird ein Autor zumindest wissen wollen, ob sein Verlag sich um das richtige kümmert.

Die Vielfalt dessen, was alles Papier ist, reicht vom hochglänzenden Kunstdruck bis zum Wegwerftaschentuch. Dabei ist alles im Prinzip das gleiche: ein zusammengeklebter und glattgewalzter Filz aus Naturfasern. Aus dieser riesigen Vielfalt kann es hier nur um den winzigen Ausschnitt der Papiere gehen, die für Bücher geeignet sind.

Als erstes fällt die Farbe auf. Meist ist sie nicht ganz weiß, sondern leicht gelblich. Das hat einen mehrfachen Grund. Einmal ist es fast unmöglich, ein Papier zu machen, das *überhaupt nicht* vergilbt; eine leichte Gelbfärbung lässt also *diese* Alterserscheinung unauffällig werden. Zum Zweiten haben auch neueste Untersuchungen wieder gezeigt, dass Schrift sich auf leicht gelblichem Papier am besten, das heißt schnell und vor allem ermüdungsfrei lesen lässt.

Als nächstes sehen wir einmal schräg zum Licht: Das Papier für Text sollte nicht spiegeln und möglichst auch die Schrift darauf nicht. Bücherpapier sollte also nicht glänzen und auch keine zu ‚geschlossene‘ Oberfläche haben, damit die Druckfarbe etwas einziehen kann. Außerdem sollte es Vorder- und Rückseite mit möglichst ähnlicher Oberfläche haben, damit es sich gleichmäßig bedrucken lässt.

Nun halten wir einmal eine Seite gegen das Licht: Das Papier sollte gleichmäßig dick sein, nicht ‚wolkig‘, sollte vor allem aber den Druck auf der Rückseite möglichst wenig durchscheinen lassen.

Blättern wir nun noch in dem Buch: Das Papier sollte möglichst ‚gut fallen‘, also nicht steif und störrisch sein, wie bei manchen Büchern, die von außen nach mehr aussehen sollen und daher auf zu dickem Papier gedruckt werden. Da ist das Gegenteil eher besser: Dünndruckpapier, das Regalmeter spart und das die Bücher leicht macht. Es ist zwar in punkto Durchscheinen optimiert und in dieser Hinsicht viel besser als ein so dünnes normales Bücherpapier wäre. Aber es ist viel teurer, und es ist bei Druckern unbeliebt: Bücher werden auf oft über einen Meter großen ‚Bögen‘ von 16 oder 32 Seiten gedruckt, und die geraten je dünner desto leichter in der Maschine ins Flattern.

Das Allerwichtigste sieht man jedoch nicht von außen: den Stoff, aus dem das Papier ist, das heißt seine Chemie, insbesondere die seiner Fasern und Füllstoffe. Viele der Bücher des ausgehenden 19. und des 20. Jahrhunderts laufen Gefahr oder sind bereits dabei, sich selbst aufzulösen. Ein damals neues Verfahren der besonders rationellen Herstellung der Zellfasern hinterließ eine Säure, die sie allmählich auflöst. Die Gefahr ist mittlerweile bekannt, und die meisten Verlage verwenden nur noch zertifizierte alterungsbeständige Papiere. Hier gibt es freilich auch noch Abstufungen, insbesondere durch zugesetzte Pufferstoffe, die auch von außen einwirkende Säuren bis zu einem gewissen Grad neutralisieren können.

Ein ganz anderes Problem bei der Papierbeschaffung ist relativ neu. Es ist dadurch entstanden, dass Papierfabriken besonders brandgefährdet sind und besonders problematische Abwässer in die Flüsse leiten, deren Wasser sie brauchen. Deshalb bekamen die kleinen unter ihnen keine Versicherungspolicen mehr und mussten teure Naturschutzauflagen erfüllen. Das ließ sie fast alle Unterschlupf bei zwei Konzernen nehmen, die nun den europäischen Markt dominieren. Und weil Bücherpapier nur ein winziger Absatzmarkt für diese ist, wird es ‚auf Maß‘ nur noch in großen Mengen und mit sehr langen Lieferfristen gefertigt.

Wir beschränken uns deshalb auf eine überschaubare Anzahl von Standard-Papieren.

V.

Nun aber zum ‚Eigentlichen‘ des Buches, zu seinem Inhalt: Gehen wir einmal davon aus, dass der Autor sich seinen Lesern verständlich machen will, und dass umgekehrt die Leser den Gedanken des Autors folgen wollen. Was sie verbindet, ist die Sprache, und zwar in ihrer schriftlichen, genauer: in ihrer gedruckten Form. Dem Autor stößt diese Besonderheit manchmal auf, wenn er sein Werk zum ersten Mal gesetzt zur Korrektur bekommt: ‚Ganz anders‘ sieht es

da aus, und er entdeckt bisher übersehene Fehler und Ver-
besserungsmöglichkeiten.

Der Leser merkt oft ‚irgendwie‘, vor allem bei längeren
Texten, dass sie sich mühsamer oder leichter lesen als
andere. Ursache dieser Empfindungen ist nicht nur die Ver-
ständlichkeit der Sprache, sondern die vom Verlag gewählte
‚Satzeinrichtung‘. Dieses etwas umständliche Wort drückt
aus, dass es bei dem, was da auf die Buchseiten gedruckt
ist, nicht nur um einzelne Buchstaben aus der einen oder
anderen Schrift geht. Genauso wichtig ist, wie sie nebeneinander stehen, wie die Zeilen untereinander und wie dies
alles auf der Seite oder genauer: der Doppelseite des auf-
geschlagenen Buches untergebracht ist.

Bestandteil dieser Einrichtung ist natürlich auch die
Schrift. Da der Verfasser des ersten Teils von meinem „Das
setzen wir aus der Bembo!" so beeindruckt war, möchte ich
auch darüber hier etwas schreiben.

Schriftarten gibt es allein vom lateinischen Alphabet Tausende. Die meisten sind aus geschriebenen Schriften entstanden und wurden von Generationen von ‚Schriftschneidern‘
verfeinert und immer wieder neu entworfen. Die Auswahl
ist für unsere Zwecke dennoch begrenzt, denn nicht zu jeder
Schrift gibt es passende ‚Auszeichnungsschriften‘, wie *Kursiv,*
Fett und Kapitälchen, oder gar dazu passende Fremd-
alphabete und mathematische Sonderzeichen. So dominieren denn bei wissenschaftlichen Werken die ‚klassischen‘
oder von diesen abstammende Schriften. So ist dieses Buch
aus der ‚Minion‘ gesetzt, einer modernen Neuzeichnung der
klassischen ‚Garamond‘, die in kleinen Schriftgraden besser
zu lesen ist als ihr Vorbild, insbesondere auch ihre *Kursive.*

Egal welche Schrift, leicht lesbar ist sie nur, wenn die
Buchstaben in gleichmäßiger Folge stehen, Wörter sich also

zu Wortbildern fügen, die nicht zu eng und nicht zu weit sind. Gut ‚ausgeglichen‘ nennt das der Fachmann. Dabei müssen größere Schriften enger, kleinere weiter stehen. Deshalb führt die reine Vergrößerung oder Verkleinerung meist zu unbefriedigenden Ergebnissen. Und deshalb sehen unsere Formatvorlagen für Direktreproduktion (Ja, das gibt es auch bei uns, zumal bei Texten mit Fremdalphabeten!) einen leicht erweiterten Abstand zwischen den Buchstaben vor.

Schriftgröße und ‚Durchschuss‘ – so heißt der Raum zwischen den Zeilen – sind freilich die wichtigsten Größen, wenn es um die schnelle und bequeme Lesbarkeit geht. Nicht allzu breite Zeilen und ein weißer Rand rundum gehören auch dazu. Aber mehr vom Guten dieser Sorte macht das Buch auch dicker, unhandlicher und teurer.

Es gilt also auch in dieser Hinsicht, für jedes Werk den angemessenen Kompromiss zu finden.

VI.

Bücher werden wie Briefe und Tagebücher von Autoren geschrieben; aber das Besondere ist, dass sie für viele, auch unbekannte Leser geschrieben und gemacht werden. Das gilt auch für wissenschaftliche Bücher. Sie werden wie Romane auch zum Vergnügen gelesen, aber in viel größerem Maße als Mittel zum Zweck, nämlich zum Gewinn an Erkenntnis oder an Argumentationsfähigkeit. Solche Bücher werden deshalb nicht nur von vorn nach hinten gelesen, sondern auch rückwärts, quer oder nur punktuell. Man mag das bedauern, Autor und Verlag tun aber gut daran, die Bücher dafür einzurichten.

Erste und wichtigste Voraussetzung für jeden anderen Zugang als den durch lineare Lektüre ist eine systematische Gliederung. Sie wird im Text durch Kapitel- und Abschnittsüberschriften sichtbar gemacht. Für den blätternden Leser erleichtern Seitenüberschriften, ‚Kolumnentitel‘ genannt, die Orientierung.

Das Inhaltsverzeichnis zeigt die gesamte Gliederung, und zwar der Übersichtlichkeit halber auf möglichst wenigen Seiten. Üblicherweise steht es in einem wissenschaftlichen Buch vorne.

Für den, der das Buch nur zu Einzelfragen konsultiert oder der nach einiger Zeit bestimmte Stellen wiederfinden will, sind die Register gedacht, und aus dem Vorstehenden ist klar, dass für ein wissenschaftliches Buch jedes Register besser ist als gar keines. Noch besser sind freilich mehrere, und zwar unterteilt in solche, die relativ mechanisch verzeichnen, und solche mit Auswahl- oder Interpretationscharakter. Beispiele für die ersten sind Personen-, Orts-, Bibelstellen- und Paragraphenregister, Beispiele für die zweiten Sachregister und Glossare. ‚Mechanische Register‘ ergeben sich aus der subjektiven Auswahl des Stoffes durch den Autor beim Schreiben, sind also so verlässlich wie das Buch selbst. Ein Sachregister hingegen ist stets Produkt einer weiteren subjektiven Auswahl des Autors oder sehr häufig auch eines Dritten zu einem späteren Zeitpunkt. Diese Subjektivität muss sein, wenn das Register überhaupt etwas nutzen soll. Das sollte den Leser aber auch anhalten, ihm als *einzigem* Wegweiser zu misstrauen.

VII.

Das alles ist nicht neu, im Gegenteil. Es machte und macht aber Bücher, wissenschaftliche und sorgfältig hergestellte zumal, haltbar, gut handhabbar und lesbar und von verschiedenen Seiten aus zugänglich. Und zwar lange bevor Datenbanken und E-Books erfunden wurden. Diesen gegenüber wiegen die Vorteile des Buches nach wie vor schwer: der spontane Zugriff ohne Apparate; die Möglichkeit, sich des (freilich subjektiven) Überblicks eines namentlich bekannten Fachmannes (nämlich des Autors) zu bedienen; die Chance, beim schieren Blättern auch Unerwartetes zu finden; und schließlich die fein abgestimmte Schrift und Gestaltung, die für das Lesen größerer Passagen nach wie vor unübertrefflich ist.

5. Der Preis:
Ein Blick in die Rechenstube des Verlages

> Im Reiche der Zwecke hat alles entwe-
> der einen *Preis* oder eine *Würde*. Was
> einen Preis hat, an dessen Stelle kann
> auch etwas anderes als *Äquivalent* ge-
> setzt werden; was dagegen über allen
> Preis erhaben ist, mithin kein Äquiva-
> lent verstattet, das hat eine Würde.
>
> Immanuel Kant[1]

Vom Medizin-Verleger Michael Urban ist zur Buchkalku-
lation der Spruch überliefert: „Kosten spielen keine Rolle!"
Das ist wie alle solche Gemeinsprüche zugleich falsch und
irgendwie doch richtig. Richtig daran ist, dass die Fremdkosten der Herstellung nur einen Teil der Gesamtkosten
ausmachen, und dass die entscheidende Größe in jeder
Kalkulationsformel für Bücher die Verkaufszahl ist. Die
ist aber bei der Kalkulation unbekannt, und wie immer
sie angesetzt wird: Im Nachhinein betrachtet ist sie immer
falsch; entweder zu hoch, dann bleibt der Verlag auf einem
Berg unverkaufter Bücher sitzen und hat nur einen Teil
der Kosten gedeckt; oder zu niedrig, dann ist das Buch
schneller als erwartet vergriffen, und es stellt sich die bei der

---

[1] *Immanuel Kant*, Grundlegung zur Metaphysik der Sitten. Hrsg.
von Karl Vorländer (Philosophische Bibliothek), Hamburg o. J., S. 98.

typischerweise schnell nachlassenden Nachfrage schwierige
Frage: Nachdrucken – Ja oder Nein?

Die Festsetzung des Preises ist jedenfalls keine bloße
Rechenoperation, sondern ein Willensakt nach nüchterner
Einschätzung der Marktchancen.

I.

Ein Buch hat in erster Linie einen Verfasser. Ihm gebührt
der Ruhm und ihm werden Ehrungen und Würdigungen
zuteil, wenn das Buch als gelungen betrachtet wird. (Häufig
hat er es zumindest auch mit diesem Ziel geschrieben.)

Es ist deshalb auch völlig richtig, dass jede bibliographische Angabe mit dem Verfassernamen beginnt. Zweitens
hat das Buch einen Titel, der ein wichtiges Signal über den
zu erwartenden Inhalt gibt. Drittens hat ein Buch, und das
ist bei wissenschaftlichen Büchern besonders wichtig, ein
Erscheinungsjahr. Es markiert eventuelle Prioritäten und
den zu erwartenden Stand der Forschung, der darin dargestellt wird.

Schließlich hat das Buch aber auch einen Umfang, gemessen in Druckseiten, und einen Preis. Dieser ist sozusagen
das Ticket für den Übergang von der Welt der Ideen in die
Warenwelt. Er macht das Buch handelbar; er signalisiert einerseits die Kosten der Entstehung und die Wertschätzung
der Produzenten, andererseits lädt er die Käufer dazu ein,
diese Wertschätzung zu teilen.

Dabei ist der Preis stets dem Verdacht ausgesetzt, willkürlich festgesetzt zu sein. Dieser Verdacht ist, so behaupte ich,
nicht nur unausräumbar, sondern er ist auch grundsätzlich
berechtigt. Nicht richtig ist freilich der Verdacht, dass die

Verlage sich bei ihrer Kalkulation generell auf Kosten der Autoren und der Käufer bereichern. Dieser Verdacht richtet sich besonders gegen die wissenschaftlichen Verlage, denn deren Preise variieren noch mehr als die von Romanen und Sachbüchern für ein allgemeines Publikum.

II.

Der Preis ist, wie gesagt, ein wichtiges Signal in zwei Richtungen: vom Produzenten an den Käufer, was er für seinen angemessenen Anteil an den Kosten des Buches hält; und vom Käufer an den Produzenten, was er dafür zu bezahlen bereit ist – oder eben nicht.

Ich möchte mit dem zweiten Aspekt anfangen, weil er mir über eine Vielzahl von Autoren, Verlagen und Käufern hinweg betrachtet der wichtigere zu sein scheint.

Damit, dass sie für Lehrbücher nur bis zu Preisgrenzen von 20, 30 oder 50 Euro zu bezahlen bereit sind, signalisieren Studenten, dass sich die Verlage gefälligst anstrengen sollten, diese Art Bücher billig anzubieten. Das heißt, die Aufwendungen für jedes einzelne Exemplar sollen nicht zu hoch sein; ergo einfache Klebebroschur und kein aufwendiger Leinenband; ergo nur Lehrbücher, die die Chance haben, an mehreren Universitäten eingesetzt zu werden, weil sich nur so die hohen Auflagen für eine billige Preiskalkulation erreichen lassen. Insofern ähnelt die Preiskalkulation für Lehrbücher derjenigen für allgemeine Literatur. Der Selektionsdruck, dem der Verlag ausgesetzt ist, führt zur Themenwahl nach Verkaufschancen und zu massiven Anstrengungen, die ‚Einführung‘ der Bücher auch anderswo als am Lehrort des Verfassers zu erreichen.

Damit, dass sie für Monographien auch höhere Preise
bereit sind zu bezahlen, signalisieren die Bibliotheken, dass
die Verlage für diese Art Bücher nicht in erster Linie auf
die breite Verkäuflichkeit achten sollten, sondern vor allem
auf die Qualität für einen langfristigen Bestandsaufbau;
ergo Druck auf alterungsbeständigem Papier, solide Fadenheftung, womöglich auch fester Einband; ergo Bücher, die
die Chance haben (oder deren Autoren die Chance haben),
in der wissenschaftlichen Diskussion der näheren und fer-
neren Zukunft eine Rolle zu spielen. Der Selektionsdruck,
dem der Verlag hier ausgesetzt ist, geht also in eine andere
Richtung, erfordert weniger Markt-, aber umso mehr Fach-
kenntnisse.

Handbücher und Kommentare vereinen wohl beide Aspekte: Sie müssen hohe Auflagen erreichen können und
sollten darüber hinaus der Wissenschaft oder der Praxis zumindest für einige Zeit die Grundlage für ihre Diskussionen
bieten können. Darüber hinaus müssen sie im Gebrauch besonders praktisch und nützlich sein, denn nur dann finden
sich genügend Abnehmer, die bereit sind, einen Preis zu
bezahlen, der die gewöhnlich hohen Kosten ihrer Erstellung
decken kann. Der Selektionsdruck, dem der Verlag bei
diesem Genus ausgesetzt ist, geht also in beide Richtungen.
Außerdem ist hier noch die genaue Kenntnis dessen erforderlich, wie diese Bücher genutzt werden.

III.

Ganz so willkürlich wie eben dargelegt ist die Verlagskalkulation aber denn doch nicht, zumal diejenige für Monographien, insbesondere für Qualifikationsschriften. Hier

hat ein wissenschaftlicher Verlag eine riesige Menge an Erfahrungswerten, wie viele Exemplare sich in welchem Fach, in welchem Teilgebiet, in welcher Schriftenreihe verkaufen lassen. Natürlich gibt es da individuelle Abweichungen nach oben und nach unten; aber diese sind in den allermeisten Fällen nur gering. Deshalb werden Monographien in aller Regel doch anhand der tatsächlich entstehenden Kosten kalkuliert.

Sehen wir uns das einmal für eine Dissertation von 240 Druckseiten an. Dabei gehen wir von einer Gesamtauflage von 300 Exemplaren aus. Die höchste noch einigermaßen realistisch erhoffbare Verkaufszahl für so ein Buch beträgt 260 Exemplare; hinzu kommen 40 Exemplare ‚Überdruck‘: für Pflichtablieferungen des Verlages (Nationalbibliothek, Landesbibliotheken usw.), für die Freiexemplare an den Autor und an eventuelle Herausgeber und Rezensenten.

Eine ganz normale Verlagskalkulation sieht dafür wie folgt aus. Zunächst die Kostenseite:

Satz (von Autorendaten, ohne Fremdalphabete):		
240 S. à 6,00	=	1.440,00
Korrekturen (10 % Verlagsanteil)		144,00
Einrichten und Druck		
15 Bogen à 75,00	=	1.125,00
Papier (300 Auflage × 15 Bogen + 15 % Zuschuss)		
5.175 Bogen à 70,00 pro Tausend	=	362,00
Umschlag (Karton, zweifarbiger Druck,		
Drucklackierung)		380,00
Buchbinder (fadengeheftete Broschur)		
Auflage 300 à 1,30	=	390,00
(Fremd-)Herstellkosten gesamt		3.841,00

Und nun noch die Erlösseite:

Ladenpreis		69,00
abzüglich Mehrwertsteuer (7 % enthaltene)	=	64,49
abzüglich Buchhändlerrabatt (35 %)	=	41,92
abzüglich Verlagsgemeinkosten (42 %)	=	24,31

daraus ergibt sich folgende Kostendeckungsrechnung:

Erste Deckung (nur Fremdkosten)
   3.841 : 41,92 = 92 Exemplare
Zweite Deckung (einschließlich Gemeinkosten)
   3.841 : 24,31 = 158 Exemplare

Der Verlag muss also zu diesem Preis über 90 Exemplare verkaufen, um nur die ausgelegten Fremdkosten hereinzubekommen, und er muss fast 160 Exemplare verkaufen, um sämtliche, auch die eigenen Kosten zu decken. Erst wenn er mehr verkauft, fängt er an zu verdienen.

Vor zwanzig Jahren konnten wir noch von wesentlich höheren Verkaufszahlen ausgehen; da konnten wir mit zweiten Deckungsauflagen von 200 oder 240 Exemplaren rechnen. Durch die Zusammenlegung der Bibliotheken und durch deren dürftige Anschaffungsetats sind die erreichbaren Auflagen für Spezialmonographien aber mittlerweile auf das im obigen Beispiel angenommene Niveau gesunken. Von vielen Bibliotheken wird auch ein Preis von 69 Euro für eine fadengeheftete Broschur nicht ohne weiteres akzeptiert. Schauen wir uns deshalb die Alternativrechnung mit einem Ladenpreis von 49 Euro an:

Erste Deckung (nur Fremdkosten)
3.841 : 29,77 = 129 Exemplare
Zweite Deckung (einschließlich Gemeinkosten)
3.841 : 17,26 = 223 Exemplare

Mit diesem Preis kann der Verlag also nur in höchst seltenen Ausnahmefällen auf seine Kosten kommen. Das heißt: Wenn der Preis nicht über 49 Euro betragen darf, bleibt nur, entweder die Kosten zu senken oder nach anderen Einnahmequellen Ausschau zu halten.

IV.

Was ich hier vorgeführt habe, ist die Art von Kalkulation, wie ich sie vor Jahrzehnten gelernt habe. Heute wird etwas komplizierter gerechnet: Pro Titel wird ein von den Herstellkosten unabhängiger, pauschaler Kostensatz angenommen, und vom Erlös des Verlages nach Buchhändlerrabatt wird ein Prozentsatz für den (tatsächlichen oder fiktiven) Auslieferungsdienstleister abgezogen. Am Ergebnis ändert sich dadurch aber für normal dicke Bücher und für einen noch selbst ausliefernden Verlag nichts.

V.

Wenn wir uns nun noch einmal der nicht aufgehenden Kalkulation mit dem niedrigeren Ladenpreis zuwenden und nach Auswegen suchen, so geht bei den Kosten der Blick zuerst auf die Satzkosten: Dort lässt sich einiges sparen, ohne automatisch die technische Qualität und insbesondere die Haltbarkeit des Buches zu verringern. Durch die Verbreitung und immer bessere Ausstattung der Textverarbeitungsprogramme sind inzwischen viele Autoren imstande, eine Druckvorlage (*Camera ready copy* – heute meist als PDF) zu liefern, die einem professionellen Satz recht nahekommen.

Aber in vielen Fällen läuft das auf eine Fehlallokation der
Arbeitskraft von Wissenschaftlern hinaus, und auch im
Verlag ist der Aufwand für solche Bücher höher, weil die
Autoren sehr viel mehr Beratung brauchen. Es gibt aber
zahlreiche Fälle, in denen das die einzige Möglichkeit ist, ein
Buch überhaupt zu realisieren. Das sind vor allem Bücher,
bei denen der Formatierungsaufwand für den Autor nur
gering ist, und es sind Bücher mit Fremdalphabeten und
Formelzeichen: Da besteht ein erhebliches Risiko, dass bei
der Umwandlung in Satz neue Fehler auftreten, die dann
höchst mühsam (und kostenintensiv) korrigiert werden
müssen.

Eine andere Möglichkeit ist es, für solche besonders
risikoreiche oder voraussichtlich verlustbringende Bücher
‚Sponsoren‘ zu finden, seien das nun Förderinstitutionen
oder gar die Autoren selbst. Gerade bei wissenschaftlichen Werken mit ihrem oftmals schwierigen und daher
teuren Satz und dem von vornherein begrenzten Markt ist
das recht weit verbreitet. Die große Rolle von Veröffentlichungen in der Karriere eines Wissenschaftlers und die
jämmerlichen Erwerbungsetats der Bibliotheken sorgen für
ständigen ‚Außendruck‘ in dieser Richtung.

Sicher gehört es zu den Aufgaben eines Verlages, auch
über *diese* Art der Finanzierung seines Buches vertrauens-
voll mit dem Autor zu beraten. Ein einfaches Gedanken-
experiment erweist den Weg jedoch als prinzipiellen Holz-
weg: Ein allgemeiner Wettlauf auf die Fördertöpfe wird
auch diese sehr schnell leeren. Vor allem aber: Die nicht
mehr kostengerechten Bücherpreise schaden letztlich der
Verbreitung der Bücher, weil sie die Arbeit der Verlage und
der Buchhändler nicht mehr ausreichend und nicht mehr
leistungsbezogen honorieren.

6. Das Trommeln im Getöse:
Aufmerksamkeit um (fast) jeden Preis

> Wenn es aber Wirklichkeitssinn gibt,
> ... dann muß es auch etwas geben, das
> man Möglichkeitssinn nennen kann.
> Wer ihn besitzt, sagt beispielsweise
> nicht: Hier ist dies oder das gesche-
> hen, wird geschehen, muß geschehen;
> sondern er erfindet: Hier könnte, sollte
> oder müßte geschehn. ... So ließe sich
> der Möglichkeitssinn geradezu als die
> Fähigkeit definieren, alles, was ebenso-
> gut sein könnte, zu denken.
>
> Robert Musil[1]

Für den Autor, der sich damit monate- oder jahrelang he-
rumgeplagt hat, ist ‚sein' Buch das einzige, das im Moment
zählt. Es ist gut, wenn der Verlag es bei seiner Verwandlung
vom Manuskript zum ‚richtigen' Buch auch genauso indi-
viduell behandelt hat. Wenn es dann aber einmal fertig ist,
stellt es sich auf einmal ganz anders dar: Da ist es eines von
80.000 Büchern, die jedes Jahr allein im deutschen Sprachraum erscheinen.

Ein alter Verlegerspruch bringt das gut auf den Punkt:
„Bücher machen ist leicht; sie verkaufen ist viel schwieriger!"

---

[1] *Robert Musil*, Der Mann ohne Eigenschaften (1930/1931), hrsg. von
Adolf Frisé (Ges. Werke I), Hamburg 1978, S. 16.

Das Ziel ist klar: Den Buch gewordenen Ideen des Autors überhaupt erst Aufmerksamkeit zu verschaffen (vor allem dort, wo es wahrgenommen werden kann und soll); es sodann zu verbreiten, auf dass es gelesen, studiert, zitiert werden kann; und schließlich daraus zumindest so viele Erträge zu generieren, dass sich die Mühen von Autor und Verleger lohnen.

I.

Die erste Konfrontation mit diesem Ziel erlebt der Autor, zumal der junge, der seine Dissertation oder Habilitationsschrift veröffentlicht, bei der Diskussion über den Titel seines Buches. „Natürlich ist es Ihr Buch", wird ihm sein Verleger (oder dessen Lektor) sagen, „und das soll es auch bleiben. Aber um es zu verbreiten, brauchen wir einen richtigen Titel dafür." Schon zu Urgroßvaters Zeiten war klar, wie verkaufsentscheidend der Titel ist. Deshalb sieht das gute alte Verlagsgesetz von 1901 bereits vor, dass der Verlag den Titel des Werkes festlegt.

Was ist nun ein ‚richtiger' Titel? Er wird in Katalogen und Datenbanken neben dem Autorennamen die allererste ‚Findehilfe' sein, und er wird meist (für's Schaufenster) recht groß auf die Vorderseite des Buches gedruckt. Er soll in erster Linie signalisieren, *worum* es in dem Buch geht und welchem Fach es verpflichtet ist. Für den Fachmann soll er möglichst präzise sein, für den Buchhändler und Bibliothekar möglichst verständlich und vor allem: aussprechbar und somit merkbar. Außerdem soll der Titel Interesse für das Buch wecken und womöglich auch bereits signalisieren, mit welcher ‚Herangehensweise' das Thema behandelt wird.

Diese vielen und sich teilweise widersprechenden Forderungen sind freilich nur selten ideal zu erfüllen. Deshalb
gibt es in der Wissenschaft so oft die Aufteilung in Haupt-
und Untertitel. Deshalb gibt es auch recht nüchterne Sach-
titel, die erst zusammen mit dem Namen des Verfassers ein
Programm signalisieren.

Die Zeiten sind freilich längst vorbei, als man noch
davon ausgehen konnte, das neue Buch eines Gelehrten
liege beim Buchhändler einer jeden Universitätsstadt auf,
und die Interessenten würden es dorten von außen und
innen betrachten, gar das eine oder andere seiner Haupt-
stücke anlesen! Es wird zwar ständig daran gearbeitet, diese
Möglichkeiten (meist digital) auch anders zu bieten. Aber
auch die dafür fast immer eingeschalteten elektronischen
Helferlein (Suchmaschinen) können nur das indexieren,
was ihnen vorgelegt wird.

Das Buch muss also vor allem für die mit solchen Helferlein Arbeitenden auffindbar gemacht werden. Das heißt,
schon der Titel eines Buches (oder auch der eines Artikels)
muss die Stichworte enthalten, unter denen jemand vom
Fach ein Buch oder einen Beitrag wie eben diesen suchen
wird. Selbst wenn das ganze Buch um den Nachweis geht,
dass ein alter Begriff falsch und irreführend ist, muss dieser
alte Begriff im Titel aufscheinen, nicht erst im Untertitel,
denn es ist alles andere als sicher, dass dieser in verlags-
fremden Katalogen und Datenbanken immer mitgeschleppt
wird.

Der verkürzenden, bezeichnenden, auch anreizenden
Funktion des Buchtitels kommt also im Zeitalter der Elek-
tronik noch gesteigerte Bedeutung zu: „Vom bereits Bekannten zum Unbekannten", heißt mehr denn je die Devise.

II.

Außer der extrem kurzen Form des Titels und der nur weniger ausführlichen des Untertitels bietet der ‚Katalogtext' oder ‚Anzeigentext' die Möglichkeit, das Buch genauer vorzustellen. Der Verlag wird den Autor schon zu verschiedenen Stadien des Buchwerdens um ein solches Exposé (gegebenenfalls schon vor der Entscheidung über die Veröffentlichung), einen solchen Werbetext (zur Vorbereitung der Ankündigung des Buches) bitten.

Dieser Text wird in aller Regel im Verlag für verschiedene Adressaten zurecht redigiert: Eine ausführliche und spezifische Fassung für die Fachkollegen, eine knappere für die eiligen Kollegen und die (Fach-)Bibliothekare, und eine noch knappere, vor allem die Vorteile im Vergleich zu ähnlichen Werken heraushebende Version für die Buchhändler.

Diese Textversionen werden auf lange Zeit mit dem Buch verbunden sein: auf der Klappe des Schutzumschlages oder hinten auf dem Broschurumschlag für die Stöberer in den Buchhandlungen; auf der Webseite des Verlages; aber auch auf vielen anderen. Diese Texte wirksam und zugleich zutreffend abzufassen, ist also einige Mühe wert; es ist deshalb durchaus sinnvoll, damit ein halbes Jahr vor dem geplanten Veröffentlichungstermin anzufangen.

In aller Regel wird ein Mitarbeiter der Werbeabteilung des Verlages – heute heißt das meist ‚Marketing' – rechtzeitig danach fragen und die nachher veröffentliche Fassung zuvor mit dem Autor abstimmen.

III.

Autorenname, Titel, Untertitel, Jahreszahl, Umfang, Preis, auch Verlag und Verlagsort gehören zum ‚Steckbrief' eines Buches, früher ‚bibliographische Angaben' genannt, heute ‚Metadaten'. Der Umfang dieser Metadaten, die zu einem Buch gehören, und die seine ‚Sichtbarkeit' in internationalen, nationalen und lokalen Datennetzen erst möglich machen, wird stetig erweitert.

Die *International Standard Book Number* (ISBN) samt der Organisation ihrer Nummernvergabe wurde bereits vor Jahrzehnten entwickelt, um Bücher eindeutig identifizierbar zu machen. Sie zeigt in ihrer heutigen 13stelligen Form an, um was es sich handelt (978 = Buch), aus welchem Sprachraum es kommt (3 = Deutschland, deutsche Schweiz und Österreich), in welchem Verlag es veröffentlicht wurde (16 = Mohr Siebeck), welche Nummer ihm sein Verlag gegeben hat und mit welcher Prüfziffer schließlich recht verlässlich nachgewiesen werden kann, dass die ganze Nummer korrekt übertragen wurde.

Schon vorher gab es Klassifikationssysteme, um Bücher verschiedenen Fächern, aber auch Buchtypen zuzuordnen. Ein wirklich einheitliches System gab und gibt es dafür nach wie vor nicht. Es ist auch deshalb schwierig, weil sehr unterschiedliche Anforderungen daran gestellt werden. Bibliotheken, die ihren Bestand sortieren wollen, haben da andere Vorstellungen als Buchhändler, die das Marktgeschehen beobachten wollen; und noch einmal anders sehen das die Fachgesellschaften, die sich eine möglichst präzise und logische Kartierung ihres Wissensgebietes wünschen.

Eine ganz andere Funktion bietet der *Digital Object Identifier* (DOI): Durch ihn kann jedes digitale Dokument, also

Buch, Zeitschriftenartikel, aber auch Buchkapitel, soweit
an eine Einzelverbreitung gedacht ist, eindeutig bezeichnet
werden. Die Vergabe erfolgt durch eine von den Verlagen
gegründete Agentur, die zugleich eine Datenbank unterhält,
die diese Dokumente untereinander in der Weise verbinden
kann, dass beispielsweise durch einen Klick auf den in einer
Anmerkung genannten anderen Artikel dieser automatisch
aufgerufen wird und (falls die Bibliothek des Nutzers auch
dafür ein Zugangsrecht hat) mit nur einem weiteren Klick
auf den Bildschirm geholt wird.

   Diese Beispiele mögen genügen, um klarzumachen, dass
es heute zu den wichtigen Aufgaben des Verlages gehört, die
Metadaten für alle seine Publikationen zusammenzustellen
und in den unterschiedlichsten Standard- und Spezialfor-
maten bereitzustellen.

                            IV.

Wie das Wort ‚Veröffentlichen' andeutet, kommt es bei
einem Buch vor allem darauf an, dass es eben nicht ‚verheimlicht' in einem Verlagslager herumliegt, sondern, dass
die möglichen Interessenten darauf neugierig gemacht werden, und zwar so neugierig, dass sie es alsbald lesen wollen.
Entsprechend wichtig ist und bleibt die ‚Ankündigung' des
Buches.

   Die Ankündigung erfolgt vor der Fertigstellung des Buches, damit die ganz Neugierigen (und hoffentlich auch
etliche schwach Neugierige) es schon vorbestellen können.
Es darf aber auch nicht zu früh davor sein, sonst ärgert sich
der Vorbesteller, und der Noch-nicht-Besteller vergisst, dass
er es noch bestellen wollte.

In der Regel werden Bücher im Rahmen der ‚Vorschau‘ des Verlages erstmalig vorgestellt. Diese Vorschau wird den Buchhändlern, Bibliothekaren, den Zeitungs- und Zeitschriftenredaktionen sowie dem Verlag bekannten Interessenten für sein Buchprogramm zugeschickt. Publikumsverlage tun das zweimal im Jahr, abgestimmt auf die Reisetermine ihrer Buchhandels-Vertreter, die dann das neue Programm für die Feriensaison oder für das Weihnachtsgeschäft im Handel plazieren. Wissenschaftliche Bücher haben andere Konjunkturen, deshalb haben wir für unseren Verlag seit langem drei ‚Mohr Kuriere‘ im Jahr: einen Anfang Februar, wenn das Jahr noch jung und die Erwerbungsetats frisch sind, einen Anfang Juni, wenn vor den großen Ferien die Pläne für das Wintersemester geschmiedet werden, und einen Anfang Oktober, wenn die Buchmesse und etliche Fachkongresse unmittelbar bevorstehen.

Parallel zu dieser Vorstellung wird der Verlag das Buch eventuell auch anzeigen. Ein Blick in die oben dargelegte Kalkulation[2] zeigt schnell, dass dies für Spezialmonographien nur in geringem Umfang möglich ist. Die Wirksamkeit dieser Art von Werbung wird auch immer wieder infrage gestellt. Ein Verlegerkollege nennt solche Anzeigen schlicht ‚Autorenbefriedigungswerbung‘. Für wissenschaftliche Bücher mag das zutreffen; für allgemeinere spielt aber die Möglichkeit, auf diese Weise an der Reputation der Zeitschrift teilzuhaben, eine nach wie vor große Rolle.

Praktisch für den Autor (und kostengünstig für den Verlag) ist es, wenn er Einzelblätter mit der Ankündigung

---

[2] Im Kapitel über den Preis, oben S. 151 ff.

(früher ‚Waschzettel' genannt) zur Beilage in seiner Korrespondenz bekommt, heute noch praktischer und kostengünstiger als PDF-Datei zum Anhängen an die Elektropost.

V.

Spätestens mit der Ankündigung setzt auch das Bemühen um *Rezensionen* ein. Diese heißen ein neues Buch in der ‚Zunft' willkommen – oder sie zerreißen es. Der Autor wünscht sich das erste und fürchtet das zweite; der Verlag wünscht sich das eine wie das andere, denn bekanntlich belebt jeder Streit das Geschäft. So tröste ich in der Regel Autoren, die über einen Verriss betrübt sind, mit der Aussicht, dass auch ein solcher Verriss Widerspruch herausfordert, und vor allem damit, dass selbst wenn es beim Verriss alleine bliebe, das immer noch besser ist, als wenn ihr Buch völlig ignoriert worden wäre. Dann wirklich wäre die Mühe der Veröffentlichung umsonst gewesen.

Was nämlich die Herausgeber vor einer Veröffentlichung sind: kritische Leser, die empfehlen und abraten, das sind nach der Veröffentlichung die Rezensenten. Es bestehen freilich zwei ganz fundamentale Unterschiede: Erstens teilt der Herausgeber sein Urteil allenfalls seinen Herausgeberkollegen und dem Verlag mit, und wenn es zu einer Publikationsempfehlung kommt, zumeist auch dem Autor. Er urteilt also eher diskret. Der Rezensent hingegen wird weder vom Autor noch von dessen Verlag ausgesucht (Ausnahmen gibt es, obwohl es sie nicht geben sollte), sondern von der Redaktion einer Zeitschrift, die ihn um eine Rezension des Buches bittet. Und diese wird dann – und das ist der zweite fundamentale Unterschied – veröffentlicht, zum Ruhme oder zur Schande des rezensierten Buches und damit dessen Verfassers.

Diese öffentliche Kritik ist es, was die Selbstregulierung der Wissenschaft ausmacht. Und deshalb ist ein gut funktionierendes Rezensionswesen notwendiger Teil einer öffentlich geförderten, aber für die Öffentlichkeit nur teilweise verständlichen Wissenschaft.

Leider ist es um das Rezensionswesen nicht mehr so gut bestellt wie zu Urgroßvaters Zeiten, als ein Adolf von Harnack oder ein Georg Jellinek oder ein Karl Bücher zur Feder griff und das Erst- oder Zweitlingswerk des jungen Gelehrten Max Piependeckel in Stücke zerriss[3] – oder über den grünen Klee lobte! Sicher, man kannte sich und konnte sich deshalb noch etwas mehr herausnehmen. Verstimmungen, die es darüber sicher auch damals gab, ließen sich auch wieder ausräumen. Der gemeinsamen Sache nutzten solch klare Worte aus berufener Feder immer, den Autoren der besprochenen Werke oft selbst dann, wenn sie gehörig zurechtgewiesen wurden.

Heute dagegen lesen sich viele Rezensionen wie eine Kurzfassung à la *Reader's Digest* oder wie eine Paraphrase des Inhaltsverzeichnisses. Mit dem Informationsbedürfnis (oder genauer: der Lesefaulheit der Rezensionsleser) wird das immer wieder erklärt. Aber gilt denn nicht für Rezensionen in erhöhtem Maße das Gebot, dass jede Art zu schreiben erlaubt ist, außer der langweiligen? Sollen Rezensionen denn die Lektüre des Besprochenen ersetzen?

---

[3] Im Folgenden schreibe ich etwas von mir selbst ab, aus meiner Kolumne ‚Das Elend des Rezensionswesens‘, geschrieben für den ‚Mohr-Kurier‘ 1998/2.

Sollen sie nicht vielmehr zum Lesen ermuntern – oder davor warnen?

Sich selbst disqualifizieren deshalb ‚Rezensionen' à la *Focus*, die außer ‚Daumen rauf' oder ‚Daumen runter' nichts oder wenig an Argumenten bieten. Richtig ärgerlich sind hingegen die ‚Rezensionen', die lediglich den Werbetext des Verlages übernehmen, abwandeln oder gar noch abkürzen.

Soll man sich als Verleger darüber ärgern, dass die eigenen Werbetexte kostenlos abgedruckt und verbreitet werden? Ja, man soll und hat auch allen Grund dazu. Liegt da doch die Vermutung nahe, dass es sich der ‚Rezensent' besonders leicht gemacht hat und das Rezensionsexemplar vor allem haben und eher weniger lesen wollte. (Insofern ist der Abdruck für den Verleger doch nicht kostenlos.) Die Konvention, dass der Rezensent das vom Verlag kostenlos zur Verfügung gestellte Exemplar behalten darf, hat zur Folge, dass teure Bücher deutlich häufiger rezensiert werden als billige. Sie ist auch der Grund dafür, dass ich zumal jungen Autoren rate, ihre Freiexemplare nicht zu weit zu streuen, insbesondere nicht denen zu schenken, von denen sie sich eine Rezension erhoffen.

VI.

> Mit Schriftstellern verdient man nicht
> so viel wie mit Mischtfahre. Das ist auch
> gut so. Denn sonst würde noch mehr
> Unnötiges geschrieben.
>
> Gustav Rümelin[4]

Wie kommen denn nun die Bücher in die Welt? Zunächst das allererste an den Autor, sogleich auch seine Freiexemplare an ihn selbst oder an die von ihm mitgeteilten Adressaten, und dann die hoffentlich schon zahlreich vorbestellten und nachbestellten an die Buchhandlungen und Endkunden? Das alles erledigte früher die *Auslieferung* des Verlages, heute meist ein vom Verlag beauftragter Servicebetrieb.

Die eigene Auslieferung hat den Vorteil, dass sie meist mit den Auslieferungsterminen flexibler ist und dass die Kunden mit ihren Anfragen direkt im Verlag landen. Beides kann für wissenschaftliche Bücher ein Vorteil sein. Der Servicebetrieb entlastet den Verlag um eine zunehmend technischer gewordene ‚Baustelle': Er muss sich nicht mehr um die aktuellen Sicherheitsvorschriften für Lagerregale kümmern, auch nicht um die neuesten Portooptimierungsprogramme oder gar darum, mit welchen digitalen Plattformen sich E-Books leicht und sicher verkaufen lassen.

Beides hat jedenfalls seine eigenen Vor- und Nachteile.

---

[4] Gustav Rümelin (1815–1889) studierte Theologie und promovierte zum Dr. phil. in Tübingen, war dann Rektor der Lateinschule in Nürtingen, Kultusminister in Stuttgart und schließlich viele Jahre lang Kanzler der Tübinger Universität.

VII.

Jeder weiß es oder ahnt es: Bücher werden wie andere
Waren auch leichter und öfter gekauft, wenn sie angesehen
und angefasst werden können, wenn sie also in den *Buchhandlungen,* den ‚Tankstellen des Geistes‘ ausliegen.

Leider ist dieses Tankstellennetz, zumal für akademi-
sche Bücher, in den letzten Jahren sehr viel dünner geworden. Im Zuge der Modularisierung der Studiengänge
haben papierene und vor allem elektronische *Handouts*
der Dozenten die klassischen Lehrbücher und damit eine
wichtige Einnahmequelle verdrängt. Die immer bequemere
und schnelle Belieferung spezieller Buchwünsche durch
Internet-Buchhandlungen, allen voran Amazon[5], hat ein
übriges getan.

Dennoch oder gerade deshalb wird ein wissenschaftlicher
Verlag mit den einschlägigen Buchhandlungen in den Uni-
versitätsstädten freundschaftliche Beziehungen pflegen. Das
heißt aber nicht, dass dort dann automatisch alle Bücher des
Verlages ausliegen. Für Spezialmonographien gibt es meist
nur noch einen oder zwei Kunden am Ort. Die kennt der
Buchhändler schon vorher und legt ihnen das Exemplar
vor, das er eventuell vom Verlag ‚zur Ansicht‘, also zunächst
ohne Berechnung, bekommt. Das ist dann aber schon nicht
mehr im Laden.

Und selbst die vermeintlich vollständige elektronische
Auslage von Amazon enthält nicht immer alles und auch
nicht verlässlich korrekt. Diese neuen Herren der Bücher-
und Warenwelt fordern nämlich von ihren Lieferanten

---

[5] *Steve Wasserman,* The Amazon Effect, in: The Nation v. 18.6.2012,
S. 13–22.

Nachlässe und Dienstleistungen, die ich als selbstmörde-
risch bezeichnen würde. Wir unterhalten deshalb derzeit
keine direkte Geschäftsbeziehung mit ihnen und nehmen
deshalb billigend in Kauf, dass manche Metadaten unserer
Titel dort mehr oder weniger absichtlich verfälscht präsen-
tiert werden.

Die Skepsis gegenüber solchen Internetriesen wächst derzeit, wenngleich vorerst nicht im gleichen Maße wie ihre
Marktmacht.[6]

VIII.

Die wirklich entscheidenden Adressaten jeder Verkaufs-
anstrengung für wissenschaftliche Spezialmonographien
sind die Wissenschafts- oder Fachbibliotheken. Sie sind die
wahren ‚Kathedralen des Geistes‘, die ihre systematisch auf-
gebauten Bestände per Katalog oder im ‚Freihandbestand‘
auffindbar und durch Ausleihe nutzbar machen. Sie sind
für einen wissenschaftlichen Verlag besonders wichtig, und
zwar in mehrfacher Hinsicht: Der weitaus größte Teil der
Spezialmonographien wird von ihnen gekauft; aber durch
ihre gezielte Einkaufspolitik geben sie ihm auch die entscheidenden Signale, welche Programmsegmente und welche Darbietungsformen es ihnen am meisten wert sind, ihre
knappen Etats dafür zu ‚opfern‘.

Auch hier zeichnen sich aber große Veränderungen ab.
Der Zugang zu elektronischen Büchern und Zeitschriften
lässt sich vergleichsweise günstig an- und abschalten. So

---

[6] *Hendrik Ankenbrand*, Die Allmacht von Amazon, in: FAS v. 24.2.
2013, S. 24–25.

spielt die sogenannte *Patron driven acquisition* eine immer
größere Rolle: Die Bibliothek bekommt vom Verlag direkt
oder durch einen ‚Aggregator‘ die Katalogdaten für praktisch alles verbunden mit der Möglichkeit, zu einem Teil
des Preises eine kurzzeitige Nutzung zu erwerben. Sie darf
diesen Zugang auch allen oder ausgewählten Nutzern weitergeben. Wenn nun bestimmte Dokumente oft genutzt
werden, kann sie diese auch zur dauerhaften Nutzung erwerben.

Damit kommt den Nutzern der Bücher, also bei Wissenschaftsbüchern den Kollegen des Autors, eine zunehmend
direktere Bedeutung für den Verkauf der Bücher zu.

IX.

Was früher einmal die Buchmessen waren, wo die Buchhändler bestellt und die Bibliothekare sich umgesehen
haben, das sind heute für den Vertrieb der Wissenschafts-
bücher die *Fachkongresse* geworden. Dort treffen wir nicht
nur unsere Autoren (wieder), sondern auch diejenigen, die
mit ihrer Nachfrage die Käufe der Bibliotheken auslösen.
Und vor allem sind dort auch die vielen unterwegs, die für
ihre persönliche Bibliothek einkaufen.

Für den Verleger und seine Mitarbeiter sind das Gelegen-
heiten, einmal zu erleben, wie das eine oder andere Fach
‚tickt‘, welche Fragen wie und von wem diskutiert werden,
und sie sind auch Schauplatz lehrreicher Erlebnisse. Da
kommen die jungen und auch die älteren Autoren zum
Verlagsstand, um ihren Kollegen nicht nur ihr neues Buch
zu zeigen, sondern auch ‚ihren‘ Verlag, der in Zeiten immer
prekärerer Arbeitsverhältnisse auch für Akademiker eine

zunehmend wichtige Rolle als verlässlicher Begleiter der Karriere spielt.

Oder da kommt die Frau eines voll bepackt davonziehenden Käufers noch einmal zurück, um ihren Ärger loszuwerden: „I hate your publishing company! My husband spends all his money on your books."

Da denke ich dann, dass wir doch einiges richtig gemacht haben.

7. Das Umfeld:
Schriftenreihen und Verlagsgebiete

> Die Wissenschaft baut nicht auf Felsen-
> grund. Es ist eher ein Sumpfland, über
> dem sich die kühne Konstruktion ihrer
> Theorien erhebt; sie ist ein Pfeilerbau,
> dessen Pfeiler sich von oben her in den
> Sumpf senken – aber nicht bis zu einem
> natürlichen, ‚gegebenen‘ Grund. Denn
> nicht deshalb hört man auf, die Pfeiler
> tiefer hineinzutreiben, weil man auf
> eine feste Schicht gestoßen ist: Wenn
> man hofft, daß sie das Gebäude tragen
> werden, beschließt man, sich vorläufig
> mit der Festigkeit der Pfeiler zu be-
> gnügen.
>
> Karl Popper[1]

Von meinem Lieblingsphilosophen stammt nicht nur das
oben stehende Motto, sondern auch die plastische Unterscheidung zwischen der „Kübeltheorie des Wissens"
einerseits und der „Scheinwerfertheorie der Erkenntnis"
andererseits.[2] Der Kübel sammelt alles Mögliche und häuft
so massenweise kunterbuntes Wissen an, in dem man vielleicht mit Hilfe einer riesigen Zahl von Vergleichsoperatio-

---

[1] *Karl Popper,* Logik der Forschung (1935), 11. Aufl. Hrsg. von Herbert
Keuth (Ges. Werke 3), Tübingen 2005, S. 88.

[2] *Karl Popper,* Zwei Seiten des Alltagsverstandes (1970), in: Objektive
Erkenntnis, Hamburg 1973, S. 32–108, insbes. S. 61–65.

nen irgendwelche Muster erkennen kann (*Big data* macht genau das[3]); aber ist das wirklich weiterführend? Viel besser ist der enger fokussierte und dafür umso heller erleuchtete Strahl eines Scheinwerfers oder einer kühnen neuen Theorie: Da sieht man nicht nur alles schärfer, sondern hat auch gleich eine Erklärung, die sich überprüfen lässt.

Diese Erkenntnis wird sich ein kluger Wissenschaftsverlag zu eigen machen und solchermaßen Wege in das unkartierte Gebiet des unbekannten zukünftigen Wissens anlegen. Das sind Forschungs-Schriftenreihen, die eben nicht ein ganzes Fach abbilden, sondern entweder entlang bereits existierender Dämme von Spezialgebieten einigermaßen geradeaus weiterführen oder die etwas kreuz und quer nach neuem festen Grund suchen. In unserem Verlag wären ‚Jus Publicum' oder die ‚Forschungen zum Alten Testament' Beispiele für die erste Möglichkeit, ‚Neue Staatswissenschaften' oder ‚Beiträge zur historischen Theologie' für die zweite.

Solche Schriftenreihen sind also Ausdruck des Anspruchs eines Verlages, einem Fach unterschiedliche, jeweils fokussierte Publikationsplattformen bereitzustellen.

I.

Wie oben dargestellt haben es wissenschaftliche Bücher, spezielle Monographien zumal, besonders schwer, ihren möglichen Lesern bekannt zu werden und gar in die Hand zu kommen. Die Werbeetats für jede einzelne sind wegen

---

[3] *Emanuel Derman*, Wenn Daten den Verstand verhexen, in FAZ v. 6.3.2013, S. 25.

der geringen erreichbaren Erlöse sehr klein, die Interessenten zumeist über die ganze Welt verstreut und von vielerlei anderem Getöse abgelenkt. Deshalb treten solche Bücher heute kaum noch alleine auf, sondern fast nur noch im Konvoi einer einschlägigen Schriftenreihe.

Die Schriftenreihe überträgt auf jeden neuen Band ein wenig von ihrer Reputation. Wer für sich selbst und für andere wissenschaftliche Bücher kauft oder seine knappe Zeit darauf verwendet sie zu lesen, ist auf derartige Orientierung geradezu angewiesen. Nicht selten werden wissenschaftliche Reihen sogar regelrecht abonniert, was ein besonderer Vertrauensbeweis gegenüber der Programmarbeit des Verlages oder jedenfalls dieser Schriftenreihe ist.

II.

Woher nimmt eine solche Reihe nun ihre so wichtige Reputation? Da sind zunächst ihre namentlich genannten Herausgeber (dazu manchmal auch ungenannte Gutachter), die mit ihrem Namen dafür einstehen, dass Thema und Standard der Reihe eingehalten werden. Da sind weiter auch die früheren Titel, die zeigen, wie das Themenspektrum ausgelotet wurde. Und da sind schließlich die Autoren früherer Bände, die inzwischen – hoffentlich – bekannte Forscher sind.

Schriftenreihen sind meist zu einem Teil Debütantenbälle der Wissenschaft, und zwar auf der Grundlage eines echten Generationenvertrages. Ihre einzelnen Monographien sind das Medium, in dem eine Wissenschaft größere Gedankengebäude errichten, kritisieren und bewahren kann. Wer immer sich mit einem größeren Stück in Neuland begibt, wird für eine einschlägige Reihe und die auf ihrem Weg voran und nebenher gehenden Weggefährten dankbar sein. Ich benutze deshalb für sie gerne das Bild der ‚Karawane der Erkenntnis'.

Wie die Karawanen in der Wüste sind aber auch diese nie sicher vor Gefahr; Gefahr lauert einerseits von innen: Ein zu schwacher Mitläufer kann alle gefährden. Und natürlich lauern Gefahren auch von außen: Sandstürme und versiegte Brunnen, andere Informationslawinen und tot geschrumpfte Bücher-Etats können zwar hin und wieder abgewettert werden, aber nicht mehrmals hintereinander und nicht dauernd.

Wenn Wissenschaft weiter voranschreiten soll, wenn neu Erkanntes zusammengefasst, wenn neue Gedankengebäude errichtet werden sollen, und wenn junge Wissenschaftler auch weiterhin zeigen können sollen, was sie an innovativer Kraft haben, dann müssen sich weiter Karawanen des Wissens bilden, müssen sie sich auf den Weg machen, und müssen sie eine Chance haben anzukommen.

III.

Ein ernsthafter Wissenschaftsverlag wird aber nicht nur solche Art ‚Nachwuchsförderung' betreiben, sondern er wird auch den arrivierteren Autoren Möglichkeiten anbieten, ihre Erkenntnisse in ‚ihrem' Verlag herauszubringen. Deshalb stehen Lehrbücher für ihre Studenten, Handbücher für die Orientierung des ganzen Faches, auch Zeitschriften, Jahrbücher, Kommentare und Textausgaben auf dem Programm.

Diese haben oftmals eine breitere und längere Wirkung als eine Spezialmonographie; deshalb stehen für sie auch höhere Etats für die Absatzwerbung zur Verfügung. Aber auch sie gewinnen an Reputation und Vertrauensvorschuss von Seiten der möglichen Käufer, wenn sie als Karawane auftreten. Und auch hier gelten die grundlegenden Prinzipien: Der kreuz oder quer oder steil geradeaus gerichtete Scheinwerfer ist dem beliebig sammelnden Kübel überlegen.

IV.

Ein Verlag sollte also den eigenartigen Spagat fertigbringen, einerseits nach vielen Seiten ‚offen' zu sein, also die bunte Vielfalt all dessen wahrzunehmen, was es gibt, und andererseits ein plausibles Prinzip seines Handelns aufzuzeigen. Er muss die Fäden zu dem zusammenführen, was ihm wichtig und möglich erscheint; und er muss überall auch Freiräume lassen, ohne dass das Verbindende ganz untergeht.

Ich denke, dieser Widerspruch lässt sich nur mit und durch Vertrauen aushalten und aufrechterhalten: zuerst und zumeist von den Autoren, die ihre geistigen ‚Kinder' dem Verlag zur Pflege und Förderung geben, weiter von den Druckern, die oft monatelang ‚vorleisten'; auch von den Buchhändlern und Bibliotheken, die auf die Anzeigen des Verlages hin noch unbekannte Bücher bestellen; und schließlich auch von den Banken, die dem Verlag von Zeit zu Zeit den Rücken stärken, bis die Bücher sich wieder in Geld verwandelt haben.

Aus solchem vertrauensvollen Umgang können mit der Zeit und durch Bewährung Freundschaften entstehen. Sie sind das Lebenselixier eines Verlages, und sie sind die Knoten, durch die aus den vielen Fäden ein Netz wird: ein

Netz, um weitere Ideen zu fangen. Und sie sind es auch, die immer wieder Mut machen, das Risiko einzugehen und zu ganz neuen Ideen Ja und zu anderen Nein zu sagen.[4]

V.

> Je älter ich werde,
> desto klüger wird mein Vater.
> Chinesisches Sprichwort

Damit bin ich an den Anfang zurückgekehrt: an die Situation, in der ein noch unbekannter Autor einen, nein ‚seinen‘ Verlag sucht. Ich denke, er sollte nicht verzagt sein. Sein Gegenüber ist genauso auf der Suche. Die Themen und Methoden, die seine Schriftenreihen, sein sonstiges Programm ausmachen, sind die eine, die nüchterne, sachliche Seite und sicher notwendige Voraussetzung, um jeweils neu die Zukunft zu gewinnen.

Das Gesicht des Verlages bestimmen aber die Autoren und die Art und Weise, in der der Verlag sie zur Wirkung, auch zum Zusammenwirken bringt. „Die höchste Schule der Verlegerei ist die Autorengesellungslehre“, sagte mein ‚Lehrer‘ Carl Hanser zu mir, und wie recht hatte er!

---

[4] *Jochen Jung*, Wo ist der Mut der Verleger?, in: Börsenblatt 11/2013, S. 17.

Ausblick
Die schöne neue Welt des
Open Access und ihre Folgen

> Die Verstandeswaage ist doch nicht
> ganz unparteiisch, und ein Arm dersel-
> ben, der die Aufschrift führt: *Hoffnung
> der Zukunft*, hat einen mechanischen
> Vorteil, welcher macht, daß auch leichte
> Gründe, welche in die ihm gehörige
> Schale fallen, die Spekulationen von an
> sich größerem Gewichte auf der ande-
> ren Seite in die Höhe ziehen.
>
> Immanuel Kant[1]

Zu Fragen im Zusammenhang mit dem, was verkürzt *Open
Access* genannt wird und womit meist *Free Open Access to
Electronic Documents* gemeint ist, werde ich sehr häufig
von Autoren angesprochen.[2] Fast alle tun das offensichtlich
nicht aus purer Höflichkeit oder aus Mitleid mit dem davon
möglicherweise bedrohten Verleger, sondern weil sie sich
selbst betroffen fühlen und darüber offenbar schon nach-
gedacht haben.

---

[1] *Immanuel Kant*, Träume eines Geistersehers (1766). Hrsg. von
Karl Vorländer, eingel. von Klaus Reich (Philosophische Bibliothek),
Hamburg 1975, S 41–42.
[2] Vorgetragen bei einem Workshop über ‚Finanzierung der Wissen-
schaftspublikationen' am 21.11.2012 in Mainz.

Dabei ergibt sich für mich in etwa folgendes Bild: *Open Access* im Sinne von *Free Open Access* wollen, wenn überhaupt, vor allem junge, noch unbekannte Autoren, die sich dadurch womöglich mehr Aufmerksamkeit und Berufungschancen versprechen. Im Gespräch stellt sich dann häufig heraus, dass entweder echter oder vermuteter Druck von Seiten ihrer Universität oder einer Förderinstitution dahinter steckt. Allen ist klar, dass das irgendwie Auswirkungen auf das ihnen vertraute Verlagssystem hat, und das ist ihnen unheimlich. Dezidiert gegen einen solchen *Open Access* sind vor allem die bereits bekannten Autoren, darunter auch solche, deren Universität oder Institution verlangt, ihre Publikationen auf deren Netz zu stellen. Wissend, dass sie sich damit gegenüber ihrem Arbeitgeber ins Unrecht setzen, weigern sie sich konsequent, dieser von ihnen als Zumutung empfundenen Verpflichtung nachzukommen.

Bestätigt wird dieses Bild durch eine neuere Untersuchung[3] im Auftrag der Europäischen Kommission Fragen der Zeitschriften und des *Open Access*. Demnach stellt nur ein verschwindend kleiner Teil der Wissenschaftler seine Publikationen auf ein *Open Access*-Repositorium. Auch eine Umfrage, die wir bei Autoren unseres Verlages gemacht haben, weist in diese Richtung: Etwa 80 % sind dafür, dass ihre Bücher auch elektronisch angeboten werden, aber 100 % sind dagegen, dass dies kostenlos geschieht.

Einer, der als Autor und Herausgeber dem Verlag vielfach verbunden ist, brachte das kürzlich auf den Punkt, als er sagte: „Wissen Sie, ich habe wie sicher viele andere eine romantische Vorstellung von einem Verleger, der sich nach meinem nächsten Projekt erkundigt, der sich Gedanken

---

[3] PEER-Project, Final Report (18 June 2012), S. 13.

macht, in welcher Form es zu veröffentlichen wäre, der es dann aktiv verbreitet und beschützt, und der mich womöglich tröstet, wenn es in einer Rezension zerrissen wird."

Die Moral von dieser Geschichte: So etwas Komplexes wie das Veröffentlichungssystem funktioniert gar nicht, oder nur schlecht, wenn es beim ersten und grundlegenden Zusammenspiel von Menschen an positiven Anreizen mangelt, ein wechselseitiges Vertrauensverhältnis aufzubauen.[4]

I.

Im Zuge der Überlegungen, wie wir als kleiner geisteswissenschaftlicher Verlag uns elektronisch aufstellen sollen, habe ich und haben verschiedene Mitarbeiter des Verlages nicht nur mit unseren Autoren gesprochen (die ja häufig genug auch die Nutzer unserer Bücher sind), sondern auch mit vielen Bibliothekaren. Dabei zeichnet sich für mich folgendes Bild ab: Sogenannter *Full electronic access* wird von allen gewünscht, und zwar möglichst als Campuslizenz mit *Remote access* und wie es so schön heißt ‚barrierefrei‘, also ohne Restriktionen hinsichtlich Ausdrucken und Abspeichern. Harter Kopierschutz wird abgelehnt, sogenannte *Watermarks* zumeist akzeptiert.

Die Frage nach den Präferenzen für gedruckte oder elektronische Publikationen wird je nach Fachgebiet sehr unterschiedlich beantwortet. Der Direktor einer großen Universitätsbibliothek sagte mir kürzlich: „Auf deren aus-

---

[4] Siehe dazu und zu den ‚Geschäftsmodellen‘ der ‚Content-Industrie‘ besonders: *Roland Reuß*, Ende der Hypnose. Vom Netz und zum Buch, Frankfurt am Main 2012.

drücklichen Wunsch kaufe ich für einige Fakultäten nur noch elektronische Publikationen ein, mit anderen verhandle ich über entsprechende Vereinbarungen; wieder andere wollen vor allem Gedrucktes, und das nach meiner Einschätzung sicher noch die nächsten 15 Jahre."

Auf die Frage nach *Open Access* wird zumeist gleich darauf hingewiesen, dass ‚offen' wie bei einer Kneipe nicht heißt, dass es nur Freibier gibt. Solcher *Free for all Open Access* wird eher skeptisch gesehen: Weder der Qualität des dort Gebotenen, noch der Qualität der für die Katalogisierung wichtigen Metadaten könne man richtig trauen; auch die Nachhaltigkeit der Datenhaltung ist in vielen Fällen höchst zweifelhaft.

Insgesamt habe ich den Eindruck, dass die Bibliotheken wie bereits bei den gedruckten Büchern auch im Hinblick auf *Electronic Access* nicht wirklich daran interessiert sind, etwas geschenkt zu bekommen; dass sie vielmehr durchaus bereit sind, für Publikationen mit gesicherter Qualität und verlässlicher Struktur einen fairen Preis zu bezahlen. Das Problem sind eher – wie schon in der Printwelt – die als unfair empfundenen Preise und Abnahmekonditionen einiger Verlage mit marktbeherrschender Stellung.

Wir wollen deshalb bei unserem Weg in die sicher auch elektronische Zukunft des Verlages drei mir wichtig erscheinende Seiten berücksichtigen:

Erstens dürfen wir nicht das Vertrauen der Autoren verspielen. Wir wollen sie beraten und sie begleiten, wenn wir auch neue Wege beschreiten; aber wir wollen das nie gegen ihren Willen tun.

Zweitens wollen wir sehr aufmerksam verfolgen, in welchen Darbietungsformen unsere Bücher oder elektronischen Dokumente von wem und wie sie genutzt werden.

Und drittens wollen wir darauf achten, dass wir den Bibliotheken als den Agenten unserer Nutzer zur Erfüllung ihrer Aufgaben faire Bedingungen einräumen.

II.

Im Sinne dieser drei Maximen haben wir sogleich bei dessen Gründung unsere Zeitschriften in das *DigiZeitschriften*-Projekt eingebracht. Dadurch, dass es nach seinem Vorbild *JSTOR* durch Abonnementserlöse getragen wird, ist es im Prinzip nachhaltig finanziert; und dadurch, dass wir als Verlag den zeitlichen Abstand des *Moving Wall* und des *Fixed Wall* festlegen, können wir das zum aktuellen Betrieb der Zeitschrift notwendige Abonnement schützen. Mit diesen beiden Plattformen und vielleicht auch weiteren haben wir den Bibliotheken die Möglichkeit an die Hand gegeben, zu fairen Bedingungen im Bereich der Zeitschriften die Vergangenheit auch elektronisch abzubilden, und zwar ohne deren Gegenwart und Zukunft zu gefährden. Ich halte das nach wie vor für einen guten Weg, wobei ich den Eindruck habe, dass das Vorbild *JSTOR* inzwischen weit phantasievoller unterwegs ist.

In diesem Sinne haben wir auch die laufenden institutionellen Abonnements unserer Zeitschriften so ausgestaltet, dass mit der Printausgabe der campusweite *Electronic Access* erworben wird. Dieser wird inzwischen fächerbezogen in unterschiedlichem Maß freigeschaltet, und wir können feststellen, dass überall dort, wo das in die Kataloge integriert ist, die Nutzungen stetig steigen. Die Zahl der Abonnements ist durch dieses Angebot zunächst auf meist nur noch eines pro Universität gefallen; aber sie ist auf diesem Niveau relativ stabil.

Und ebenfalls in diesem Sinne haben wir schließlich das erste Angebot unserer E-Books ausgestaltet. Weil unsere Autoren Bücher und nicht Dateien produzieren wollen, sind die E-Books ‚PDF-Zwillinge' der Bücher; weil jeder von beiden seinen Wert hat und wir nicht entscheiden wollen, welcher mehr, haben die E-Books den gleichen Preis wie ihre Geschwister; und weil wir ein berechenbares Angebot machen wollen, bieten wir in bestimmten Schriftenreihen ein Stück *Backlist* an[5] und versprechen, auch die *Frontlist* dazu anzubieten.

III.

Alle diese Angebote sind nach entsprechendem Erwerb im Rahmen der erwerbenden Institution *open accessible*, denn wie kann ein Verlag, dessen Zweck ja das Veröffentlichen ist und der obendrein Verlag des Erfinders der ‚Offenen Gesellschaft' ist, gegen offenen Zugang sein? Wir haben aber nicht die Absicht, einem *Open Access* im Sinne von *Free for all Open Access* die Hand zu reichen.

„*There is no such thing as a free lunch*", lautet eine der unumstößlichen Erkenntnisse der Ökonomie. Irgendeiner muss immer dafür bezahlen, fragt sich nur wer. Ich halte daher alle bisher diskutierten Modelle des sogenannten *Open Access* für problematisch, wenn nicht gar für gefährlich.

---

[5] Beim Start im April 2012 waren es 630 Titel.

Die *Golden Road* (das heißt: der Autor oder seine Institution bezahlt *alle* Publikationskosten) führt unweigerlich
zur Korrumpierung der Publikationsentscheidungen. Die
Autoren müssen entweder selbst sehr reich sein, oder sie
müssen zuallererst eine reiche Institution finden, der das,
was sie veröffentlichen wollen, genehm ist. Und ein Verlag,
der für jede Publikation von vornherein Geld bekommt,
wird sich, um erfolgreich zu sein, unweigerlich um möglichst viele Publikationen bemühen, nicht notwendiger-
weise um möglichst gute.[6] In diesen Wettbewerb wollen wir
nicht eintreten. Ich halte ihn auch für einen Irrweg, in der
Wissenschaft sogar für einen gefährlichen Irrweg.

Die *Green Road* führt entweder zu einem Friedhof unterschiedlichster Versionen, die weder für verlässliche Zitate
noch für die im Sinne einer sich selbst korrigierenden
Wissenschaft notwendigen ernsthaften Rezensionen eine
Grundlage bieten; oder sie ist nur durch Enteignung der
Verlage um die von Ihnen eingebrachte Leistung zu bekommen. Wann und wem wir die von uns geschaffene
Form der Publikation für welches Geschäftsmodell anvertrauen, möchten wir – siehe *DigiZeitschriften* – aber selbst
bestimmen.

Auf beiden Wegen, dem goldenen wie dem grünen, werden letztlich umfassende Riesenstrukturen geschaffen[7], die
in dem Sinne ‚systemrelevant‘ werden, dass eine zukünftige
Politik von ihnen in noch höherem Maße erpressbar sein
wird, als das jetzt durch die üblichen Verdächtigen, nämlich
die internationalen Großverlage, der Fall ist. Und bis es

---

[6] *Valentin Groebner*, Muss ich das lesen? Ja das hier schon, in: FAZ
v. 6.2.2013, S. N5.
[7] *Frank Schirrmacher*, Die neue digitale Planwirtschaft, in: FAZ v.
26.4.2013, S. 31.

soweit ist, bleibt das System abhängig vom guten Willen und den gefüllten Kassen einiger weniger Großsponsoren.

IV.

Ich denke deshalb, dass die Finanzierung wissenschaftlicher Publikationen freiheitlicher, nachhaltiger und somit solider ist, wenn sie auf 200 oder 2.000 zahlende Nutzer in aller Welt baut, als wenn sie sich auf 2 oder 20 nationale Förderinstitutionen verlässt.

Personenregister